本书为国家社科基金一般项目"长江经济带制造业服务转型梯度推进和发展路径研究"（15BGL206）研究成果

长江经济带制造业服务
转型发展路径研究

张予川 等◎著

中国社会科学出版社

图书在版编目(CIP)数据

长江经济带制造业服务转型发展路径研究 / 张予川等著 . —北京：中国社会科学出版社，2021.5
ISBN 978-7-5203-8400-1

Ⅰ.①长… Ⅱ.①张… Ⅲ.①长江经济带—制造工业—服务经济—转型经济—研究 Ⅳ.①F426.4

中国版本图书馆 CIP 数据核字(2021)第 082791 号

出 版 人	赵剑英
责任编辑	梁剑琴
责任校对	周 昊
责任印制	郝美娜

出　　版	中国社会科学出版社
社　　址	北京鼓楼西大街甲 158 号
邮　　编	100720
网　　址	http://www.csspw.cn
发 行 部	010-84083685
门 市 部	010-84029450
经　　销	新华书店及其他书店

印刷装订	北京市十月印刷有限公司
版　　次	2021 年 5 月第 1 版
印　　次	2021 年 5 月第 1 次印刷

开　　本	710×1000　1/16
印　　张	11.75
插　　页	2
字　　数	201 千字
定　　价	68.00 元

凡购买中国社会科学出版社图书，如有质量问题请与本社营销中心联系调换
电话：010-84083683
版权所有　侵权必究

摘　　要

　　制造业服务转型是制造业持续发展的重要动力。根据目前全球制造业发展的趋势来看，发达国家的制造企业服务转型已经为各企业提供了新的利润增长点，并带动了企业整体绩效的积极增长。与发达国家相比，我国制造业的整体服务转型程度较低，服务业务为企业带来的利润未达预期，且较多企业在实际经营中并无服务转型的经营理念。长江经济带是目前世界上可开发规模最大，影响范围最广的内河经济带，在我国发展中具有举足轻重的地位。鉴于我国制造业服务转型还处于加速推进阶段，长江经济带制造业整体的发展与产业转型情况对推动我国制造业转型升级和提质增效具有重要意义，其制造业服务转型与发展能为我国其他地区的制造业企业提供可参考的实际经验。

　　本书主要研究工作如下：(1) 对目前已有的制造业服务转型及相关理论进行了汇总、梳理和归类，并在此基础上总结了制造业服务转型程度的各类测算方式与方法，并对各类不同的测算方式与方法的侧重点和优缺点进行了概括与评述。(2) 分析了长江经济带制造业服务转型发展现状，创造性地从宏观和微观两个方面测算出长江经济带制造业服务转型程度。(3) 分别根据价值链理论、产品服务理论、微笑曲线理论和产业转移、融合、集聚理论提出了长江经济带制造业服务转型路径。(4) 突破性构建了基于投入产出视角的制造业服务转型梯度推进核密度分析和马尔可夫链转移矩阵方法，根据此方法计算得出长江经济带轻工业、机械电子制造业与资源加工业服务转型的转移矩阵及稳态分布表，并根据研究结果对此三类制造行业服务转型梯度推进路径的特点进行了分类。(5) 基于长江经济带轻工业、机械电子制造业与资源加工业三类制造行业的服务转型梯度推进路径实际特征，归纳并总结出制造业服务转型梯度推进的四种不同路径，其具体可分为：正U形、倒U形、正V形和倒V形路径；并根据长江经济带不同流域与不同制造行业的实际经营与转型现状，提出了适合长江经济带制造业服务转型梯度推进的"三步走"战略，为长江经济带不同流域与不同行业的制造企业提供了可参考的经营方向与方式。（6）基于 SCP 分析框架构建了系统 GMM 分析模型，并根据分析模型分别对长江经济带上、中、下游及各制造行业进行了实证研究，在实证分析结果的基础上对制造业服务转型对企业绩效的影响程度与方式进行了类别划分，并总结了不同类别服务转型对企业绩效的影响特征。（7）根据实证研究结果的不同分类绘制了三类制造业"服务转型—绩效"图谱，即：线性促进类、倒 U 形影响类和马鞍形影响类。分析了不同影响类别流域及制造行业服务转型对企业在实际经营中的影响，并根据"服务转型—绩效"曲线，为长江经济带各区域制造企业服务转型提出了具有一定针对性的对策建议。

研究得出的结论如下：（1）根据核密度估计得出的结果可知，轻工业、机械电子制造业与资源加工业的服务转型程度有逐步降低的趋势；而从稳态分布的研究结果来看，此三类制造行业服务转型水平在不同梯度中分布较为均匀，也即长江经济带不同流域制造业服务转型水平各有差异，且各不同梯度分布难以在短时间内达到平衡发展的状态。（2）隶属于长江经济带下游的江浙沪地区，在服务转型经营方面，较长江经济带其他区域转型质量要更好，转型成效也更好。且上海市的推进路径为倒 U 形的梯度跨越式路径，而浙江省和江苏省则为平稳发展的 U 形推进路径。在上游与中游区域中，仅四川省与湖北省的轻工业、安徽省的资源加工业为平稳发展的 U 形推进路径。与此同时，湖北省的资源加工业为倒 U 形的梯度跨越式路径。而剩下省份的各制造行业服务转型则在正 V 和倒 V 的波动型间来回震荡。（3）从梯度推进曲线的平滑程度来看，曲线弯曲程度越小，该地区或该行业的发展越稳定，而曲线弯曲程度越大时，则该地区或该行业的发展越震荡。从不同曲线的特质来看，U 形推进路径适合用于研究经济较为发达、产业结构较为完整的地区，而 V 形推进路径则适用于经济发展较为落后、产业结构不完整的地区或行业。（4）根据研究结果，长江经济带制造业服务转型梯度推进可采取"三步走"发展战略：第一，均衡发展上游与中游制造业。具体策略为：将低质型地域的各制造行业以 V 形推进路径将其推进至低投型梯度；第二，实现中游与下游的产业衔接。具体策略为：将中游中暂时处于低投型的省份采取正 U 形推进至高产型梯度；第三，实现产业创新。将上游和中游处于低质型和低投型且具有相对发展潜力的省份以倒U形推进至高质型梯度，将下游位于高产型的省市采取正U形推进路径推进至高质型梯度。(5) 研究在长江经济带制造业服务转型升级路径模型的基础上，为各制造行业匹配了最合适的服务转型升级路径：①从价值链理论出发，匹配了ODM、TPM、OEM和OBM四种转型升级路径；②从产品服务系统理论出发，匹配了OSM、CSM、ISM和PSM四种转型升级路径；③从微笑曲线理论出发，匹配了上游产业链服务一体化、上下游产业链服务一体化、下游产业链服务一体化和完全去制造化四种转型升级路径；④从产业转移、融合与集聚理论出发，匹配了水平型产业内转移、垂直性产业间转移、协作型产业内转移、业务融合、技术融合、市场融合、同产业聚集区、关联产业聚集区和产业链聚集区等制造业服务转型升级路径。(6) 根据长江经济带各流域及各制造行业的服务转型测度结果来看，长江经济带各流域与各制造行业的服务转型程度各有不同。长江经济带上游整体服务转型程度最高，下游次之，中游最低；而将各制造行业服务转型程度由高至低排列则为纺织服装制造业、机械仪表制造业、金属非金属制造业、石油化工制造业、医药制造业、电子制造业和食品饮料制造业。(7) 根据SCP模型构建分析框架得出的实证分析结论表明在实际经营中，除服务转型外，还有企业行为和行业结构等较多因素会对制造业企业服务绩效产生影响，而企业需在实际经营中根据市场及自身情况来进行经营策略的调整与主营业务的倾斜。(8) 从长远发展的角度看，制造业企业的服务转型对企业绩效有着较大的助推作用，在制造业企业未来的实际经营中，服务转型是长江经济带各行业与各流域制造企业可以采取的、能够提升企业整体经营绩效的重要经营手段之一，且各制造企业有必要将开展服务业务作为企业日后的重要经营策略来实施。(9) 根据实证结果绘制的"服务转型—绩效"曲线揭示了制造企业服务转型对其绩效的影响程度与走势，而线性促进类、倒U形影响类和马鞍形影响类企业在实际经营过程中达到最佳服务转型程度与绩效的平衡点不同。即不同地理流域和制造行业企业在实际经营中切不可参照其他流域或制造行业的转型经验，而只能根据企业实际经营与行业整体发展情况来引导企业的服务转型。

【关键词】长江经济带；制造业；转型升级；梯度推进；微笑曲线；"服务转型—绩效"曲线

前　言

长江经济带覆盖上海、江苏、浙江、安徽、江西、湖北、湖南、重庆、四川、云南、贵州 11 个省市，包括了我国最发达的地区，也包括了欠发达的地区，是目前世界上可开发规模最大、影响范围最广的内河流域经济带，也是我国今后经济增长潜力最大的核心区域。加快长江经济带开放开发，发挥东部沿海辐射带动作用，可以加强区域间的交流与合作，促进区域间的资源共享与体系共建，缩小区域发展差距，解决我国经济发展中不协调、不平衡和不可持续等诸多问题。在我国经济发展新常态背景和国家新一轮长江经济带开放开发战略的实施背景下，依托"黄金水道"对接国家"一带一路"倡议，推动长江经济带产业发展，打造中国经济新支撑带，是经济发展新常态下我国区域协调发展和对内对外开放结合的重大战略举措，是打造我国经济新的增长极的国家层面的战略，具有重要的战略意义。长江经济带开放开发过程中，制造业转型升级是基础，创新驱动是前提，而创新驱动和产业升级也是促进长江经济带制造业服务转型发展的关键因素。

2014 年 6 月，国务院颁布了《关于依托黄金水道推动长江经济带发展的指导意见》，正式拉开了长江经济带新一轮开放开发战略的序幕。该指导意见指出，"依托黄金水道推动长江经济带发展，打造中国经济新湖北沿江经济带，是党中央、国务院审时度势，谋划中国经济新棋局做出的既利当前又惠长远的重大战略决策"。基本原则是"改革引领、创新驱动""通道支撑、融合发展""海陆统筹、双向开放""江湖和谐、生态文明"；战略定位是"具有全球影响力的内河经济带""东中西互动合作的协调发展带""沿海沿江沿边全面推进的对内对外开放带""生态文明建设的先行示范带"。

2015 年 4 月，国务院公布《关于长江中游城市群发展规划的批复》，要求江西、湖北、湖南全面落实党中央、国务院关于依托黄金水道推动长江经济带发展的决策部署，加快实施新型城镇化战略、促进中部地区崛起战略和创新驱动发展战略，以全面深化改革为动力，推动完善开放合作、互利共赢、共建共享的一体化发展机制，依托产业基础和比较优势，建立城市群产业协调发展机制，联手打造优势产业集群，建设现代服务业集聚区，发展壮大现代农业基地，有序推进跨区域产业转移与承接，加快产业转型升级，构建具有区域特色的现代产业体系，努力将长江中游城市群建设成为长江经济带重要支撑、全国经济新增长极、具有一定国际影响的城市群。

2016年3月，国家发改委、科技部、工信部联合印发了《长江经济带创新驱动产业转型升级方案》，提出了长江经济带加快创新驱动促进产业转型升级，构建沿江代产业走廊的总体目标，勾画了长江经济带2020年在创新能力、产业结构、经济发展等方面应有的突破性进展，要求长江经济带到2030年创新驱动型产业体系和经济格局全面建成，创新能力进入世界前列，区域协同合作一体化发展成效显著，成为引领我国经济转型升级、支撑全国统筹发展的重要引擎。

2020年11月12日习近平总书记在江苏考察时指出，要坚决贯彻新发展理念，转变发展方式，优化发展思路，实现生态效益和经济社会效益相统一，走出一条生态优先、绿色发展的新路子，为长江经济带高质量发展、可持续发展提供有力支撑。

借助长江经济带开放开发的国家战略大好形势，作者有幸参与了长江经济带创新能力、产业经济布局的研究工作，并以此为基础，撰写了这部全面论述长江经济带制造业服务转型发展的专著。书中运用理论分析、案例分析、实证分析与多学科综合研究相结合的方法，全面分析并解决了长江经济带产业制造业服务转型发展中存在的一系列障碍与问题，对我国长江经济带开放开发、创新驱动与制造业升级有着重大的理论借鉴价值和实践推动作用。本书创新点体现在以下5个方面：

（1）讲述了数据包络分析（DEA）模型、Malmquist指数法、投入产出法、核密度估计和马尔可夫链方法，讨论了价值链理论、产品服务系统理论、微笑曲线理论、产业转移集聚理论，为长江经济带经济发展评价、全要素生产率测度、产业转型升级与梯度推进奠定了理论基础。

（2）应用大量翔实数据，分析了长江经济带创新驱动特征与机制，采用 Malmquist-DEA 指数法计算长江经济带创新驱动的全要素生产率，给出了长江经济带九省二市创新驱动全要素生产率的地区差异曲线，通过构建长江经济带上、中、下游区域联动产业创新驱动发展协同模式，提出了沿江省市实施创新驱动的若干建议与措施。

（3）通过分析长江经济带各省市制造业规模、制造业服务化水平、制造业研发能力、制造业品牌与营销能力等，给出了制造业服务化水平测算方法，构建了长江经济带产业转型升级路径选择模型，绘制了长江经济带制造业服务化微笑曲线图谱，分别为长江经济带九省二市制造业及制造业细分行业指出了合适的服务化转型选择路径。

（4）利用核密度分布和马尔可夫转移矩阵分析了长江经济带制造业服务化水平的分布和动态演进过程，发现了 11 个省市制造业服务化水平整体水平差异，研究了长江经济带产业升级梯度推进发展模型和制造业服务化水平梯度层次。利用服务化中间投入和服务化水平两个维度研究 11 个省市的三大类制造业，发现了沿长江经济带从下游至上游呈现明显的梯度分布格局，并针对长江经济带上、中、下游的地域、产业特点，提出了实现制造业服务化"三步走"的梯度转移合理化建议。

（5）基于长江经济带轻工业、机械电子制造业与资源加工业三类制造行业的服务转型梯度推进路径实际特征，归纳并总结出制造业服务转型梯度推进的四种不同路径，其具体可分为：正 U 形、倒 U 形、正 V 形和倒 V 形路径；并根据长江经济带不同流域与不同制造行业的实际经营和转型现状，提出了适合长江经济带制造业服务转型梯度推进的"三步走"战略，为长江经济带不同流域与不同行业的制造企业提供了可参考的经营方向与方式。

在写作过程中参考和借鉴了大量国内外相关资料，并吸收了国内外学者的相关研究成果，在此表示感谢！本书由湖北大学商学院张予川教授及其学生张金鑫、沈轩、石雨晴、戴承、熊一坤共同撰写完成，秦珊珊同学完善了部分书稿格式，全书由张予川教授统稿。我们期待本书能够得到国内外广大读者的选读和喜爱，能够在长江经济带产业发展理论与实践方面，为促进我国创新驱动和产业转型升级实施发挥积极作用，并为长江经济带区域制造业服务转型发展做出积极贡献。

目 录

第一章 绪论 …………………………………………………… (1)
    一 研究背景 ……………………………………………… (1)
    二 研究意义 ……………………………………………… (2)
    三 本书研究的基本思路与研究方法 …………………… (5)
    四 本书的创新之处与不足 ……………………………… (7)

第二章 制造业服务转型文献综述 …………………………… (10)
    一 制造业服务转型概念、机理与影响因素研究现状 … (10)
    二 制造业服务转型路径的研究 ………………………… (17)
    三 关于梯度推进相关理论的研究 ……………………… (20)
    四 对国内外研究的简要评价 …………………………… (22)

第三章 制造业服务转型相关理论基础 ……………………… (23)
    一 产业价值链理论及其特点 …………………………… (23)
    二 产品服务系统理论 …………………………………… (28)
    三 微笑曲线理论 ………………………………………… (29)
    四 产业转移、融合、集聚理论 ………………………… (32)
    五 制造业企业服务转型的可能性与必要性 …………… (37)
    六 制造业服务转型水平的测算方法 …………………… (41)
    七 制造业服务转型梯度推进动态演进的测算方法 …… (42)
    八 梯度推进的测算方法 ………………………………… (43)
    九 长江经济带制造业服务转型升级路径选择模型 …… (45)
    十 SCP 范式理论 ………………………………………… (52)

第四章 长江经济带制造业服务转型水平测算 ……………… (56)
    一 长江经济带制造业发展现状 ………………………… (56)

二　基于宏观数据的长江经济带制造业服务转型水平测算 ……… (61)
　　三　基于微观数据的长江经济带制造业服务转型水平测算 ……… (69)

第五章　长江经济带制造业服务转型路径研究 ……………………… (76)
　　一　基于价值链理论的制造业服务转型路径选择 ……………… (76)
　　二　基于产品服务系统理论的制造业服务转型升级路径选择 …… (78)
　　三　基于微笑曲线理论的制造业服务转型升级路径选择 ……… (79)
　　四　基于产业转移、融合、集聚理论的制造业服务转型升级
　　　　路径选择 …………………………………………………… (80)

第六章　长江经济带制造业服务转型梯度推进路径研究 …………… (82)
　　一　基于 Kernel 密度估计梯度推进研究 ……………………… (82)
　　二　基于马尔可夫转移概率矩阵梯度推进研究 ………………… (84)
　　三　长江经济带各类制造业服务转型水平梯度推进路径的
　　　　分类 ………………………………………………………… (87)
　　四　长江经济带各类制造业服务转型梯度推进路径设计 ……… (104)

第七章　长江经济带制造业服务转型对企业绩效的影响研究 ……… (113)
　　一　研究假设 ………………………………………………… (113)
　　二　模型建立及变量选取 …………………………………… (117)
　　三　实证分析结果 …………………………………………… (120)

第八章　促进长江经济带制造业服务转型的对策及建议 …………… (146)
　　一　线性促进类制造业服务转型对策及建议 ………………… (146)
　　二　U 形影响类制造业服务转型对策及建议 ………………… (148)
　　三　马鞍形影响类制造业服务转型对策及建议 ……………… (149)
　　四　制造企业服务转型出现瓶颈时可参考的建议 …………… (154)

第九章　全书总结 …………………………………………………… (157)
　　一　研究的主要结论 ………………………………………… (157)
　　二　研究不足 ………………………………………………… (163)

参考文献 …………………………………………………………… (166)

图目录

图 1-1　研究思路与技术路径 …………………………………… (6)
图 3-1　价值链理论 ……………………………………………… (24)
图 3-2　全球价值链 ……………………………………………… (24)
图 3-3　基本价值链 ……………………………………………… (25)
图 3-4　基于价值链分布的制造业服务转型升级模式 ………… (26)
图 3-5　基于产品服务系统的制造业服务转型升级模式 ……… (29)
图 3-6　微笑曲线 ………………………………………………… (30)
图 3-7　基于微笑曲线的制造业服务转型升级下游产业链服务化路径 ………………………………………………………… (31)
图 3-8　基于微笑曲线的制造业服务转型升级上游产业链服务化路径 ………………………………………………………… (31)
图 3-9　基于微笑曲线的制造业服务转型升级上下游产业链服务化路径 ………………………………………………………… (31)
图 3-10　基于微笑曲线的制造业服务转型升级完全去制造化路径 ………………………………………………………… (32)
图 3-11　产业渗透 ………………………………………………… (35)
图 3-12　产业交叉 ………………………………………………… (36)
图 3-13　产业重组 ………………………………………………… (36)
图 3-14　传统制造业与制造业服务化在价值链结构方面的异同比较 ………………………………………………………… (38)
图 3-15　长江经济带制造业服务转型升级路径选择模型 ……… (46)
图 3-16　基于价值链理论的制造业服务转型升级路径选择 …… (47)
图 3-17　制造业与服务业融合模式 ……………………………… (51)
图 3-18　SCP 模型分析 …………………………………………… (53)

图 4-1　长江经济带各个省（市）2005—2016 年工业企业总资产
　　　　平均值 ·· (57)
图 4-2　长江经济带各个省（市）2005—2016 年工业企业销售总产值
　　　　平均值 ·· (59)
图 4-3　长江经济带各个省（市）2005—2016 年工业增加值
　　　　平均值 ·· (60)
图 4-4　2002 年、2007 年和 2012 年制造业服务转型水平
　　　　三维折线 ·· (62)
图 4-5　长江经济带九省二市 2006—2015 年制造业服务化
　　　　水平曲线 ·· (68)
图 4-6　长江经济带各流域制造企业 2012—2017 年平均
　　　　服务转型程度走势 ·· (73)
图 4-7　长江经济带各制造行业 2012—2017 年平均服务转型
　　　　程度走势 ·· (74)
图 5-1　长江经济带各省市制造业在区域价值链上的主体地位 ······ (77)
图 5-2　长江经济带制造业基于区域价值链的服务转型升级
　　　　路径 ·· (77)
图 5-3　基于产品服务系统的长江经济带制造业服务转型升级
　　　　模式 ·· (78)
图 5-4　长江经济带各省市制造业微笑曲线示意 ·················· (79)
图 6-1　轻工业 2002 年、2007 年和 2012 年核密度分布 ·········· (83)
图 6-2　资源加工业 2002 年、2007 年和 2012 年核密度分布 ······ (83)
图 6-3　机械电子制造业 2002 年、2007 年和 2012 年核密度
　　　　分布 ·· (84)
图 6-4　轻工业服务转型梯度散点 ······························· (89)
图 6-5　轻工业服务转型中间投入总量折线 ······················· (90)
图 6-6　资源加工业服务转型梯度散点 ··························· (94)
图 6-7　资源加工业服务转型中间投入总量折线 ··················· (95)
图 6-8　机械电子制造业服务转型梯度推进散点 ··················· (99)
图 6-9　机械电子制造业服务转型中间投入总量折线 ·············· (100)
图 6-10　正 U 形推进路径 ····································· (105)
图 6-11　倒 U 形推进路径 ····································· (107)

图 6-12　正 V 形推进路径 …………………………………………（108）
图 6-13　倒 V 形推进路径 …………………………………………（109）
图 7-1　线形、U 形及马鞍形曲线 …………………………………（116）
图 7-2　长江经济带上游制造业"服务转型—绩效"曲线 ………（129）
图 7-3　长江经济带中游制造业"服务转型—绩效"曲线 ………（130）
图 7-4　长江经济带下游制造业"服务转型—绩效"曲线 ………（130）
图 7-5　长江经济带医药制造业"服务转型—绩效" ……………（141）
图 7-6　长江经济带金属非金属制造业"服务转型—绩效" ……（141）
图 7-7　长江经济带食品饮料制造业"服务转型—绩效"曲线 …（142）
图 7-8　长江经济带电子制造业"服务转型—绩效"曲线 ………（143）
图 7-9　长江经济带纺织服装制造业"服务转型—绩效"曲线 …（143）
图 7-10　长江经济带机械仪表制造业"服务转型—绩效"
　　　　曲线 ……………………………………………………（144）
图 7-11　长江经济带石油化工制造业"服务转型—绩效"
　　　　曲线 ……………………………………………………（145）

表目录

表3-1 产业转移模式及特点 …………………………………………（34）
表3-2 产业融合类型及特点 …………………………………………（35）
表3-3 产业集聚模式及特点 …………………………………………（37）
表3-4 传统制造业与制造业服务转型对比 …………………………（38）
表3-5 基于产品服务系统的制造业实现服务转型的增值的途径和空间 ……………………………………………………………（48）
表3-6 基于微笑曲线理论制造业服务转型升级路径特点 …………（49）
表3-7 产业转移的转移条件和转移机制 ……………………………（50）
表4-1 全国及长江经济带2005—2016年工业企业总资产 ………（56）
表4-2 全国及长江经济带2005—2016年工业销售总产值 ………（58）
表4-3 全国及长江经济带2005—2016年工业增加值 ……………（59）
表4-4 数据系列构造 …………………………………………………（65）
表4-5 回归分析结果 …………………………………………………（66）
表4-6 长江经济带九省二市2006—2015年制造业服务化水平 …（67）
表4-7 长江经济带各省市各制造行业上市公司数量表 ……………（70）
表4-8 服务业各行业分类 ……………………………………………（71）
表4-9 长江经济带上、中、下游制造业服务转型程度测算 ………（72）
表4-10 长江经济带制造业各行业服务转型程度测算 ……………（73）
表6-1 制造业转移概率矩阵及稳态分布 ……………………………（85）
表6-2 轻工业转移概率矩阵及稳态分布 ……………………………（86）
表6-3 资源加工业转移概率矩阵及稳态分布 ………………………（86）
表6-4 机械电子制造业转移概率矩阵及稳态分布 …………………（87）
表7-1 长江经济带上游、中游、下游描述性分析 …………………（120）
表7-2 7类制造行业及长江经济带总体描述性分析 ………………（120）

表7-3 长江经济带上游各变量相关性检验 …………………… (122)
表7-4 长江经济带中游各变量相关性检验 …………………… (123)
表7-5 长江经济带下游各变量相关性检验 …………………… (123)
表7-6 长江经济带上游各变量平稳性检验 …………………… (125)
表7-7 长江经济带中游各变量平稳性检验 …………………… (125)
表7-8 长江经济带下游各变量平稳性检验 …………………… (125)
表7-9 长江经济带上、中、下游系统GMM回归分析 ………… (126)
表7-10 长江经济带各流域"服务转型—绩效"曲线拐点 ……… (128)
表7-11 长江经济带食品饮料制造业各变量相关性检验 ……… (131)
表7-12 长江经济带纺织服装制造业各变量相关性检验 ……… (131)
表7-13 长江经济带石油化工制造业各变量相关性检验 ……… (131)
表7-14 长江经济带医药制造业各变量相关性检验 …………… (132)
表7-15 长江经济带金属非金属制造业各变量相关性检验 …… (132)
表7-16 长江经济带机械仪表制造业各变量相关性检验 ……… (133)
表7-17 长江经济带电子制造业各变量相关性检验 …………… (133)
表7-18 长江经济带食品饮料制造业各变量平稳性检验 ……… (134)
表7-19 长江经济带纺织服装制造业各变量平稳性检验 ……… (135)
表7-20 长江经济带石油化工制造业各变量平稳性检验 ……… (135)
表7-21 长江经济带医药制造业各变量平稳性检验 …………… (136)
表7-22 长江经济带金属非金属制造业各变量平稳性检验 …… (136)
表7-23 长江经济带机械仪表制造业各变量平稳性检验 ……… (136)
表7-24 长江经济带电子制造业各变量平稳性检验 …………… (137)
表7-25 长江经济带7类制造行业系统GMM模型回归分析 …… (137)
表7-26 长江经济带5类制造行业"服务转型—绩效"曲线
　　　　拐点 ……………………………………………………… (140)

第一章

绪　论

一　研究背景

制造业服务转型实践开始于20世纪60年代,在步入90年代后,随着生产过程中制造环节流水线生产作业的普及与设备自动化和智能化生产程度的提升,消费者的需求日趋多样,价值链上游和下游的研发、营销、维护与服务等环节的市场需求及利润在整个价值链中所占的比重越来越大。尤其随着近十年信息技术的迅猛发展与推广应用,服务业务在制造业中所占比重越来越大,服务转型已成为制造业在日后经营与发展中的新战略。

在目前发达国家的经济结构组成中,存在两个"70%现象",即GDP中服务业增加值占70%,而制造业中服务业增加值占70%。由以上数据可知发达国家近半数(49%)的GDP由服务业所贡献。

我国已然是世界上最大的生产制造国和出口国,与发达国家相比,我国的制造业目前大多处于高能耗、高污染和低利润的阶段,制造业附加值低、竞争力弱,总体定位还是"世界工厂",最明显的特征还是"大而不强"。随着全球经济环境日益变革,重污染、高能耗、低利润的发展模式已无法为未来我国制造业的可持续发展提供长久动力;而统计数据显示目前我国正在进入人口老龄化阶段,此种社会趋势表明我国凭借人口红利采取的低成本竞争战略所获得的优势也已消耗殆尽,制造业服务转型的任务迫在眉睫。此外,2016年,工信部、国家发改委和中国工程院3部委联合印发的《发展服务型制造专项行动指南》中指出:中国制造业规模居世界第一,但是处于价值链低端。在经济新常态背景下,制造业需要通过服务转型来提升产业竞争力,有效增加产业利润。

长江经济带横贯我国东中西三大区域，覆盖四川、云南、贵州、重庆、湖北、湖南、江西、安徽、浙江、江苏和上海九省二市（"中国制造2025"计划的14个示范城市和城市群中有7个城市和城市群隶属于长江经济带范畴），占全国总面积21%；人口和经济总量超过全国40%，经济发展潜力大，是目前世界上可开发规模最大，影响范围最广的内河经济带，也是中国经济持续健康发展的重要动力源泉。长江经济带的发展情况在我国的整体发展大局中具有重要的战略意义。

鉴于我国制造业服务转型还处于加速推进阶段，长江经济带制造业整体的发展与转型对推动我国制造业服务转型升级和提质增效具有重要意义，其服务转型情况能为我国其他地区的制造企业提供可参考的实际经验。

二 研究意义

长江经济带是目前世界上可开发规模最大，影响范围最广的内河经济带，作为"一带一路"发展倡议的重要组成部分，其经济发展潜力巨大，对于中国经济持续发展具有重要的推动作用。当前，中国经济发展已经进入新常态，研究制造业服务转型机理，推动区域间制造业梯度推进，以实现中国经济在长期范围保持较为平稳的态势增长。因此，对于长江经济带制造业服务转型梯度推进和发展路径研究，具有重要的理论价值和实际应用价值。

（1）本书研究具有较大的理论价值。长期以来，理论界一直探讨的是制造企业是否应该服务转型，但在服务转型梯度推进规律、路径选择基础和服务转型对企业绩效的潜在影响方面的理论研究较少。本书侧重于从理论上探寻制造业服务转型梯度推进规律、路径选择基础和转型对企业绩效的潜在影响。对长期以来制造业服务转型无明确方向的现状提供了思路。本书纳入了制造业服务转型的异质性与层次性，重点探讨了服务转型对企业绩效间的因果关系、服务转型梯度推进的规律与方式、服务转型路径选择的方式与方法。本书从理论上探讨了制造业服务转型的梯度推进发展规律，并在研究实际的基础上汇总和归纳了服务转型梯度推进路径的类别，为制造业服务转型的进一步研究提供了理论依据，并填补了服务转型梯度推进相关研究区域的研究空白。并基于微笑曲线和 SCP 范式理论的视角，将微笑曲线理论和 SCP 范式理论应用于长江经济带制造业服务转型的研究中，三者互相补充，既扩充了微笑曲线理论和 SCP 范式理论的应用范围，同时也丰富了制造业服务转型的相关研究理论，补充与完善相关研究的不足。

（2）本书研究具有很强的实际应用价值与政策意义。2014 年 9 月国务院印发《关于依托黄金水道推动长江经济带发展的指导意见》，指出我国未来经济发展方向应是自沿海城市向内陆地区扩散，以沿海城市的发展成果和实际经验对内陆地区的各产业结构进行整改与升级，从源头上推动我国各产业发展，并产生提质增效的具体作用，以期形成长江经济带上游、中游和下游各区域优势互补，以各个区域的实际协调与共享来推动长江经济带整体发展，缩小各地域间的发展差距。2015 年 5 月印发的《中国制造 2025》明确指出：坚持实施与落实产业结构调整的发展战略是我国未来成为制造强国的发展关键之处，在各制造行业日后的发展中，各个企业要将自身的发展战略从以往的"主制造"的经营策略逐渐向"服务转型"战略倾斜，并切实从服务业务中获得较好的经营效益。[①] 2016 年 3 月国家发展改革委、科技部、工业和信息化部三部委联合印发的《长江经济带创新驱动产业转型升级方案》也明确指出实施与推进以创新为驱动力的产业结构升级发展策略是长江经济带日后的主要发展纲要，以创新为驱动力来优化和升级长江经济带上游、中游与下游的产业布局和结构，并以长江经济带的实际发展经验来为我国其他省市和地区的产业布局优化与结构升级提供可参考的经验。[②] 2016 年 6 月印发的《长江经济带发展规划纲要》则确立了"一轴、两翼、三极、多点"的发展格局，该纲要文件提出长江经济带未来的发展要以自上而下的黄金水道优势，在发挥重庆、宜昌、武汉和上海等主要城市的影响与带动作用的基础上，推动长江经济带各流域城市形成自下游至上游的梯度发展，实现长江经济带各流域

---

① 周济：《智能制造——"中国制造 2025"的主攻方向》，《中国机械工程》2015 年第 26 期。

② 国家发展改革委、科技部、工业和信息化部：《关于印发〈长江经济带创新驱动产业转型升级方案〉的通知》，2016 年 3 月 15 日，http://www.gov.cn/xinwen/2016-03/15/content_5053543.htm，2020 年 12 月 24 日。

的产业优化和升级,并实现各产业的梯度转移。[①] 2016年7月工信部、国家发改委和中国工程院三部委联合印发的《发展服务型制造专项行动指南》指出:根据世界经济的发展现状来看,我国已成为世界第一大制造国,但目前我国制造业所生产的产品大多为中低端制造产品,制造业整体尚处在价值链的中游,实际利润率较低。而从目前国际发展环境来看,我国制造业正面临生产成本上升、利润下滑和环境污染等多方面的问题与压力。制造业目前的发展处境正制约着我国制造业企业未来的发展,且现有的发展状况也正制约着我国制造业企业经营利润的提升。从长远的角度看,我国制造业企业需要也有必要实行服务转型战略来提升企业的核心竞争力。[②] 2017年7月工业和信息化部、国家发展改革委、科技部、财政部、环境保护部五部委联合发布的《关于加强长江经济带工业绿色发展的指导意见》指出:绿色发展是我国工业未来的发展趋势,我国工业各细分行业需通过调整各行业产业结构的策略,在采取服务转型经营方式的基础上来达到节能减排、提质增效的目的,并通过绿色发展的方式来提升长江经济带工业绿色发展水平,初步构建长江经济带工业绿色发展框架。[③] 此外,习近平总书记在2017年10月党的十九大报告中指出:从我国近十年的发展趋势来看,GDP的增速正在逐年放缓,但鉴于我国经济总量,我国是世界第二大经济体的现状在短期内不会被超越。目前我国正处在优化产业结构、降低制造污染、转变经营模式和寻求新的利润增长点的关键时期,我国经济下一阶段的发展策略正在从高增速发展到高质量发展转变。报告中提到,下个阶段我国制造业的方向是优先发展先进制造业,鼓励传统制造行业进行产业结构的优化与升级,加快现代服务业的发展进程,由此推动我国制造业由价值链中游向上游和下游推进。随着工业经济与制造行业的发展,工业制造产品也由以往的"流程化制造"向

---

① 周泓、刘洋、张雪瑶、吕国琴、郭丽萍、蒋朋、王春平:《生态优先推动长江经济带绿色发展——〈长江经济带发展规划纲要〉初步解读》,《环境与可持续发展》2016年第41期。

② 工业和信息化部、国家发展改革委、中国工程院:《关于印发〈发展服务型制造专项行动指南〉的通知》,2016年7月28日,http://www.gov.cn/xinwen/2016-07/28/content_5095552.htm,2020年12月24日。

③ 工业和信息化部、国家发展改革委、科技部、财政部、环境保护部:《关于加强长江经济带工业绿色发展的指导意见》,2017年6月30日,http://www.law-lib.com/law/law_view.asp?id=582698,2020年12月24日。

"个性化定制"方向发展,由此看来,制造业服务转型是我国制造业企业实现经营利润增长的最佳利润增长点。①

以上各种文件的出台均显示着研究长江经济带制造业服务转型的发展路径,对利用长江经济带的发展带动内需、促进我国经济稳定增长、调整地理区域结构甚至是实现整个中国经济体制的增效升级发展都具有十分重要的现实意义;制造企业的服务转型与升级对优化和调整产业结构有着重要的推进作用,且服务转型梯度推进路径的研究对于探讨与指导我国东西部经济发展不平衡的现状有着重要的指导意义;通过对长江经济带不同地理区域和行业制造业企业服务转型现状及规律特点进行分类、归纳与总结,并提出相关建议,为我国其他省市和地区制造业企业未来的经营发展、提质增效和转型升级提供可参考的建议,具有十分重要的应用意义。

三 本书研究的基本思路与研究方法

本书在研究中,以制造业服务转型梯度推进与路径选择逻辑为主线,注重国际比较研究与量化研究;在进行实证研究的基础上,提出长江经济带制造业服务转型相关建议与对策。具体研究思路与技术路径见图1-1所示。

本书的研究方法主要有:

(1)文献研究法。通过查阅制造业服务转型方面相关国内外文献和资料的方式,收集、整理和归纳了目前制造业服务转型相关研究理论、结论和成果,并在梳理相关研究理论、结论和成果的基础上,针对长江经济带制造业的发展现状,找出了可能适用于长江经济带制造业企业的相关转型理论与可行路径。此外,在对已有文献进行梳理、研究和吸收的基础上,对服务转型相关理论进行了改进性和创新性研究。

(2)统计与计量研究方法。综合运用计量经济学、投入产出法等数量研究方法,在收集长江经济带制造业服务转型相关所需研究数据的基础上,采用截面、时间序列数据以及制造业服务转型投入产出数据,使用

---

① 《决胜全面建成小康社会,夺取新时代中国特色社会主义伟大胜利》,在中国共产党第十九次全国代表大会上的报告,2017年10月18日,http://www.qstheory.cn/llqikan/2017-12/03/c_1122049424.htm,2020年12月24日。

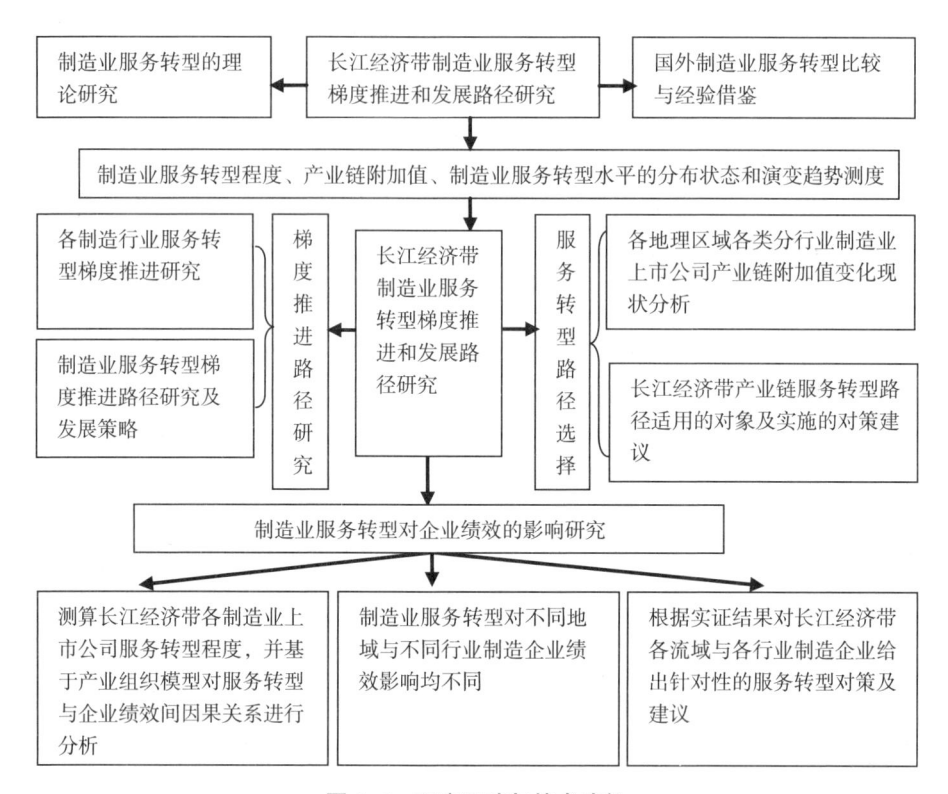

```
┌─────────────────┐  ┌───────────────────────┐  ┌─────────────────┐
│ 制造业服务转型的理 │←→│ 长江经济带制造业服务转型 │←→│ 国外制造业服务转型比较│
│ 论研究          │  │ 梯度推进和发展路径研究 │  │ 与经验借鉴       │
└─────────────────┘  └───────────┬───────────┘  └─────────────────┘
                                 ↓
        ┌──────────────────────────────────────────────────────┐
        │ 制造业服务转型程度、产业链附加值、制造业服务转型水平的分布状态和演变趋势测度 │
        └──────────────────────────────────────────────────────┘

┌─────────────────┐ ┌──┐ ┌─────────────┐ ┌──┐ ┌─────────────────┐
│ 各制造行业服务转 │ │梯│ │ 长江经济带  │ │服│ │ 各地理区域各类分行业制造业│
│ 型梯度推进研究   │ │度│ │ 制造业服务  │ │务│ │ 上市公司产业链附加值变化现│
│                 │ │推│ │ 转型梯度推  │ │转│ │ 状分析            │
└─────────────────┘ │进│←│ 进和发展路  │→│型│ └─────────────────┘
                    │路│ │ 径研究      │ │路│
┌─────────────────┐ │径│ │             │ │径│ ┌─────────────────┐
│ 制造业服务转型梯 │ │研│ │             │ │选│ │ 长江经济带产业链服务转型路│
│ 度推进路径研究及 │ │究│ │             │ │择│ │ 径适用的对象及实施的对策建│
│ 发展策略         │ │  │ │             │ │  │ │ 议                │
└─────────────────┘ └──┘ └─────────────┘ └──┘ └─────────────────┘
                                 ↓
                ┌──────────────────────────────────┐
                │ 制造业服务转型对企业绩效的影响研究 │
                └──────────────────────────────────┘
                    ↓              ↓              ↓
┌─────────────────┐ ┌─────────────────┐ ┌─────────────────┐
│ 测算长江经济带各制造业│ │ 制造业服务转型对不同地│ │ 根据实证结果对长江经济带│
│ 上市公司服务转型程度，│ │ 域与不同行业制造企业绩│ │ 各流域与各行业制造企业给│
│ 并基于产业组织模型对服│ │ 效影响均不同         │ │ 出针对性的服务转型对策及│
│ 务转型与企业绩效间因果│ │                     │ │ 建议                │
│ 关系进行分析         │ │                     │ │                    │
└─────────────────┘ └─────────────────┘ └─────────────────┘
```

图 1-1 研究思路与技术路径

MATELAB、STATA 和 EVIEWS 等数据软件为实证分析工具，根据研究需要以分别以近三次中国地区投入产出表、2012—2016 年和 2012—2017 年等相关长江经济带制造业上市公司年报数据为研究样本，对长江经济带制造业服务转型梯度推进及相关领域进行分析与研究，并在实证分析的基础上，绘制相对应图谱，将实证数据进行可视化陈列，并根据图谱对长江经济带制造业服务转型梯度推进及相关领域给出针对性的建议。

（3）定性分析方法。在统计与计量研究方法的基础上，基于不同地域、行业与类别的核密度分布图、产业链附加值现状分析图、服务转型路径选择图和"服务转型—绩效"曲线图，结合研究对应的服务转型现状，对制造业各地域与行业未来的经营发展和转型给出可参考的对策与建议，这对我国其他省市和地区制造业服务转型具有一定的借鉴作用。

四 本书的创新之处与不足

本书的创新之处体现在：

（1）理论创新。系统地对制造业服务转型梯度推进与路径选择之间的关系进行了理论上的疏理。传统理论基本集中在制造业是否应该进行服务转型、可持续发展、目标定位等方面，而在探讨制造业服务转型梯度推进与路径选择领域的相关研究较少，将制造业服务转型梯度推进与路径选择两者结合起来的研究在已有的研究成果中并不多见。

本书在理论研究部分较为系统与全面地收集、归纳与梳理了制造业服务转型的形成机制、影响因素、企业绩效的影响和服务转型梯度推进与路径选择机理，并从长江经济带区域发展的角度，重点研究了制造业服务转型梯度推进与路径选择领域，丰富了服务转型相关理论研究。

（2）研究方法创新。目前制造业服务转型的测算方法主要包括赫芬达尔指数测算法、专利系数法、熵指数法和投入产出法。根据各方法的不同使用条件，赫芬达尔指数测算法和专利系数法都是以专利来计算产业之间的融合度，方法本身存在一定片面性，且目前我国与专利相关的法律法规和行政制度并不完善，在缺乏详细的专利统计数据的情况下难以使用赫芬达尔指数测算法和专利系数法准确测出产业间融合度；熵指数法除对行业分类要求较高外，还具有计算量大、数据处理困难的特点。相比于前三种方法，投入产出法更适合我国国情，且能更准确计算制造业服务转型程度。本书创新性地以长江经济带制造业上市公司的年报数据作为测算制造业服务转型的数据来源，以上市公司年报作为测算数据来源除具有样本容量大、数据真实可靠且容易获得的特征外，还具有数据逐年更新、延续性较强的特点。以上市公司年报数据作为测算数据来源能更微观、更具体地呈现长江经济带制造业服务转型的发展趋势及现状，为研究提供可参考的数据指标。本书分别以近三版《中国地区投入产出表》及2012—2017年长江经济带制造业上市公司年报数据为研究样本，对长江经济带制造业服务转型程度进行了精确的测算，根据目前已有的测算方法与方式来看，本书所使用的方法及数据较为科学与全面，且《中国地区投入产出表》与上市公司年报数据均具有较强的权威性，根据两者计算得出的服务转型程度结论具有较高的科学性、可信性和可行性。

根据制造业服务转型的特点，本书创新性地使用分布动态法从空间的形态分布与流动性两个方面对服务转型展开研究。分布动态法能直观体现服务转型程度在某时间区间内不同地理位置的分布形态或某空间区间内各个时间段的分布形态。在得到两方面的相关信息与数据后则可根据数据信息来推测某区域未来的可能变化情况或描述其历史演进过程。另外，分布动态法作为非参数估计法的一种，能客观描述事件或现象的动态演进过程，其集体做法可采用核密度估计法来对各区域服务转型程度进行排序来进行具体研究，而在时间研究方面则可采取马尔科夫链法来对不同时间服务转型程度进行序列分布的离散处理来研究制造业服务转型的演变趋势。

（3）应用分布动态法测算制造业服务转型水平。本书应用核密度法描绘了长江经济带制造业 2002 年、2007 年和 2012 年三个不同时间点的服务转型水平情况，并找出了此十年中制造业服务转型的演进趋势；应用马尔科夫矩阵分了长江经济带制造业 2002 年、2007 年和 2012 年三个不同时间点的服务转型水平的转移概率，并推测出了长江经济带下一阶段制造业服务转型水平的情况。并在此基础上基于产出视角提出了制造业服务转型梯度推进矩阵方法，根据波士顿矩阵理论从制造业产业总产值与服务转型程度两个不同维度搭建了制造业服务转型水平矩阵，厘清了不同行业制造业服务转型现状和不同地域制造行业梯度推进路径及其特征；总结出了正 U 形、倒 U 形、正 V 形和倒 V 形四类梯度推进路径。

（4）从长江经济带及各省市制造业总体产值、各制造行业产值、各制造行业服务转型程度、上市公司产业链各环节附加值和 R&D 投入出发，分析了长江经济带各省市各制造行业在价值链上的对应位置，并根据分析结果绘制了相应的微笑曲线图谱。并基于制造业服务转型升级模型，根据不同地域制造业服务转型的实际情况，从各自对应的服务转型理论出发，制定了有针对性的转型升级路径。并在此基础上归纳与总结了四类具有普遍适用性的转型升级路径，此四类转型升级路径为长江经济带以外的其他地区的制造业企业的未来经营与转型提供了可参考的经营思路。

本书的不足之处体现在，第一，研究对象缺乏一定的针对性。研究对象涵盖了我国《三次产业划分》中的所有制造行业，但在研究实际中是取各行业大类及长江经济带上、中、下游三个流域进行分析，并未对各行业中的细分行业进行更深入的研究，也未对长江经济带上、中、下游沿途各省市开展有针对性的研究。因此，研究结论可能不适用于各行业大类中某些细分行业或长江经济带上、中、下游中个别地区，从各细分行业与具体地域来说，研究缺乏一定的针对性。第二，制造业服务转型对企业绩效影响研究中研究样本未涵盖未上市制造业企业。从我国经济的发展实际来看，每个行业中未上市企业的数量占据行业总数的绝大部分。而因研究方法使然，研究所需数据只能从长江经济带各制造业上市公司年报中获得，因而未对长江经济带各制造业未上市企业的经营情况展开研究。因此，研究样本的选取存在相对的局限性，研究结论与建议可能不适用于长江经济带各流域与各制造行业未上市企业。

第二章

制造业服务转型文献综述

自 Vandermerwe 和 Rada 于 1998 年提出制造业服务转型概念后,世界各国学者在 Vandermerwe 和 Rada 研究的基础上对制造业的各个细分行业或领域进行了有针对性的调查与研究。主要的研究历程经历了制造业是否需要进行服务转型、制造业为什么要进行服务转型和制造业通过什么方式来进行服务转型的各种阶段。在此研究过程中涌现出了"微笑曲线""全球价值链"和"产业融合"等相关研究理论。进入 21 世纪后,依托完整的工业产业结构,我国制造业蓬勃发展,迄今为止我国已然是全球第一大制造国。但与发达国家相比,我国的制造业目前大多处于高能耗、高污染和低利润的阶段,制造业附加值低、竞争力弱,总体定位还是"世界工厂",最明显的特征还是"大而不强"。随着全球经济环境日益变革,重污染、高能耗、低利润的发展模式已无法支撑未来我国制造业的可持续发展;而人口老龄化的加剧则使我国凭借人口红利采取的低成本竞争战略所获得的优势已消耗殆尽,制造业服务转型的任务迫在眉睫。针对此现状,国内外学者也根据我国制造业发展情况展开了一系列具有针对性的研究。

一 制造业服务转型概念、机理与影响因素研究现状

(一) 制造业服务转型概念研究

1. 国外学者的研究

Vandermerwe 和 Rada 于 1988 年提出了制造业企业服务转型的概念,并在实际研究后指出,制造业服务转型的发展经历了由只提供产品或服务到提供"产品+服务"再到提供"产品、服务、支持、知识和自助服务"

服务包的两次转变。① 相比于原有的制造业务，服务业务能满足消费者更多层面的需求，是制造业企业实现价值增值主要途径。在 Vandermerwe 和 Rada 之后，Mathieu（2001）则指出，企业为消费者提供的服务业务能让消费者在产品的实际使用过程中获得满足感，而消费者会在获得满足感的基础上不仅能从多个方面为企业提供关于产品的使用反馈，而且会成为企业的忠诚用户，并在社交中为企业打开口碑。因此，让消费者在产品的实际使用过程中体验到满足感比将产品售出更重要，也即制造企业在服务转型过程中必须树立做细做好服务业务的经营理念，服务业务不仅仅是制造企业的经营业务之一，而是能为企业打开市场突破口、获取经营优势的重要发展策略之一。②

Szalavetz（2003）又在他们的研究结论的基础上提出制造业服务转型包括两个方面的研究结论：一方面，从制造企业整个生产制造过程来看，企业内部服务效率对企业的实际影响程度与传统的制造效率来看更显重要，这种企业内部服务也即为投入服务转型；另一方面，因制造产品整体所需提供的外部服务业务种类日趋多样，且随着目前客户的个性化需求种类繁多、客户对服务业务的要求越来越高。③ 企业在提供与产品相配套的服务外，还需向客户提供在产品购买阶段客户可能需要的金融、物流和组装等服务、客户在产品使用阶段可能需要的调试、维护和系统指导等服务和客户在使用阶段客户可能需要的维修、保养和售后等服务，即产出服务转型业务。投入服务转型业务和产出服务转型业务都是企业产品的附加服务，能为企业提供更高的附加价值，提升企业的整体经营绩效。

Ren 和 Gregory（2007）提出服务转型是制造业企业以向消费者提供数量更多、质量更好的服务为经营导向，迎合客户日趋多元化的需求，并以此在市场竞争中获取竞争优势的经营策略。服务转型的经营策略不仅能有效迎合消费者日益多样的消费需求，且能在满足消费者需求的基础上对

---

① Vandermerwe S., Rada J., "Servitization of Business: Adding Value by Adding Services", *European Management Journal*, vol. 6, No. 4, 1988.

② Mathieu, Valérie, "Product Services: from a Service Supporting the Product to a Service Supporting the Client", *Post-Print*, vol. 16, No. 1, 2001.

③ Szalavetz, A. "Tertiarization of Manufacturing Industry in the New Economy: Experiences in Hungarian Companies", Paper delivered to Hungarian Acadaemy of Sciences Working Papers, No. 134, March 2003.

原有产品进行产品特质和与产品相对应的服务业务创新,以主营业务和服务业务相互促进、协同发展的方式来带动和促进企业整体绩效的提升与增长。① Baines(2009)等在对英国制造企业实地调研的基础上分析了英国制造企业服务转型的实际情况,并结合前人的研究成果,指出制造业服务转型并不是制造企业单纯地在实际经营中向消费者提供服务业务及其配套的经营行为,向消费者提供服务业务只是制造企业服务转型经营发展的一部分,而真正意义上的制造业服务转型实际应该包括企业经营策略的转变、原有资源的重组与配置、组织结构的调整、业务能力的提升和工序流程的创新等②。Reiskin等(2010)指出制造企业的服务转型的实质是由以往的产品提供者到服务提供者的身份转变,而身份的转变并非由以往的产品提供者完全转变为服务提供者,而是有产品提供者转变为"产品提供者+服务提供者"的角色,且制造企业在身份转变的过程中所涉及的经营业务和发展战略更新与调整则是企业在实际经营中所需实时关注的。③ Desmet等(2013)则认为服务转型的具体表现是制造业企业在实际经营过程中,服务业务收入在公司营业收入中所占比重越来越大的动态过程,且服务业务为企业带来的实际收益会高于原有的产品制造业务,制造企业能依托服务业务为企业带来的收益继续扩张原有制造业务和升级已有服务业务,在"双管齐下"的经营策略指引下持续提升企业经营效益。④

根据上述国外研究现状可知,制造业服务转型可分为两个方向:其一是投入服务转型,即服务业务要素投入在制造企业的实际经营投入中占比逐步增大的过程;其二则是产出服务转型,也即服务业务产出在制造企业的实际经营产出中占比逐步增大的过程。此两个转型方向都是制造企业可根据自身实际发展情况所能采取的经营策略,且两者并非完全分裂开来,投入服务转型能带动服务业务的产出提升,而产出服务转型又能反哺投入

---

① Ren G. and Gregory M., "Servitization in manufacturing companies", Paper delivered to 16th Frontiers in Service Conference, San Francisco: CA, 2007.

② Baines T. S., "Towards a Theoretical Framework for Human Performance Modelling within Manufacturing Systems Design Simulation", Paper delivered to Modelling Practice and Theory, Vol. 13, No. 6, September 2005.

③ Reiskin E. D., White A. L., Johnson J. K., et al., "Servicizing the Chemical Supply Chain", *Journal of Industrial Ecology*, Vol. 3, 2010.

④ Desmet S., Dierdonck R. V., Looy B. V., "Servitization: Or Why Services Management is Relevant for Manufacturing Environments", *Pearson Education Limited*, 2013.

服务转型在企业实际经营中的投入占比,投入服务转型和产出服务转型两者相辅相成,在协同发展的基础上能有效提升企业的实际经营绩效。

2. 国内学者的研究

郭跃进(1999)提出服务转型是制造业企业在现有经营业务的基础上,参照客户需求,为顾客提供有针对性服务业务的过程。① 蔺雷和吴贵生(2007,2009)在前人的调查与研究的成果上对特定年份的制造业经营数据进行了实证分析,且实证分析结果显示制造企业对服务业务的投入程度对企业绩效有着显著影响,且企业对服务业务的投入与企业经营绩效间的影响为显著正相关,即企业对服务业务的持续投入与开展能显著提升企业的经营绩效。②③

刘继国(2007)在回顾国外服务转型成功制造企业的经营实际的基础上,结合我国制造企业的发展实际,对制造业企业服务转型经营做出了相关的概念解释与阐述,并对我国制造企业在服务转型过程中所需经营的不同阶段、可能出现的问题与障碍、服务转型后可能会对人文、社会与自然环境可能产生的影响做了分析,并得出了制造业服务转型是我国制造企业在未来实际经营中所需采取的、能为各企业提质增效的有效经营策略,且制造业服务转型的经营策略对于我国的工业发展架构调整、建设资源节约型社会与企业的可持续发展均有重要意义。④

刘继国(2008)认为服务转型能为制造业企业获取更大的市场竞争优势,且服务转型是经营中心的动态变换过程,即企业的经营中心由以往的制造业务为中心转变为以服务业务为中心。⑤ 周大鹏(2013)指出服务业务拥有的制造业务所不具备的创新能力,制造企业可通过服务转型来实现产品的价值增值,在扩大企业经营业务范围的同时降低各业务的平均成本,提升企业整体绩效,为产业转型升级助力。⑥ 许立帆(2014)通过对

---

① 郭跃进:《论制造业的服务化经营趋势》,《中国工业经济》1999年第3期。
② 蔺雷、吴贵生:《我国制造企业服务增强差异化机制的实证研究》,《管理世界》2007年第6期。
③ 蔺雷、吴贵生:《制造企业服务增强的质量弥补:基于资源配置视角的实证研究》,《管理科学学报》2009年第12期。
④ 刘继国、李江帆:《国外制造业服务化问题研究综述》,《经济学家》2007年第3期。
⑤ 刘继国:《制造业企业投入服务化战略的影响因素及其绩效:理论框架与实证研究》,《管理学报》2008年第5期。
⑥ 周大鹏:《制造业服务转型对产业转型升级的影响》,《世界经济研究》2013年第9期。

比分析 1997—2010 年投入产出表数据和 15 家制造上市公司年报数据, 经研究分析得出从世界范围内来看, 目前我国制造业企业的服务转型程度较低, 制约我国制造业服务转型的原因在于绝大多数制造业企业暂无服务转型的发展理念, 并未将企业的服务转型战略纳入企业实际经营中。同时, 目前我国较低的服务业务利润水平也制约着企业服务转型的步伐。[①]

闵连星等（2015）则根据 2013 年沪深两市 A 股制造业上市公司数据, 根据上市公司提供的服务业务种类及数量对我国制造业服务转型现状和特点进行了分析。结果表明我国制造业上市公司整体服务转型导入率较高, 但不同地区、不同属性制造行业企业所提供的服务业务类型、服务转型程度也不同。[②] 吕林等（2015）在上海自贸实验区制造业企业调查的基础上得出目前长江经济带制造业的发展关键是实施服务转型战略, 以服务转型战略提升行业内企业整体经营绩效, 并实现产业结构的更新与调整, 从而实现制造业的长足发展。[③]

(二) 制造业服务转型的形成机理与影响因素研究

1. 国外学者的研究

国外学者在制造业服务转型的形成机理方面关注的焦点集中在服务业务所能创造的价值与能为企业带来的收益方面。Berger 和 Lester (1997) 认为世界经济的发展使得制造企业由产品竞争向服务竞争转变, 制造企业必须契合这个转变, 进行服务转型, 与服务业进行有机融合, 才能在激烈的竞争中取得胜利。[④] Olive 和 Kallenberg (2003) 则从产品的生命周期理论指出制造企业服务转型的重要意义。传统的制造企业只是依靠将产品销售给顾客获取利润, 但产品的生命周期较长, 在顾客的使用过程中会产生很多服务需求, 如果制造企业能够满足这些需求提供服务, 则可

[①] 许立帆:《中国制造业服务化发展思考》,《经济问题》2014 年第 12 期。

[②] 闵连星、刘人怀、王建琼:《中国制造企业服务化现状与特点分析》,《科技管理研究》2015 年第 35 期。

[③] 吕林、刘芸、朱瑞博:《中国（上海）自由贸易试验区与长江经济带制造业服务化战略》,《经济体制改革》2015 年第 4 期。

[④] Berger, Lester, "The Effects of the Phosphorothioate Insecticide Fenitrothion on Mammalian Cytochrome", *Journal of Dependent Metabolism of Estradiol Fundamental and Applied Toxicology*, Vol. 37, No. 2, June 1997.

以获取更多的利润。① Fishbein 等（2000）基于"产品—服务"连续区理论研究了制造业服务转型的研究过程，并以此描绘出了制造业服务转型的演变过程。② Ren 等（2007）则对制造企业服务转型的原因进行了研究，其认为消费者日益个性化的需求是制造企业服务转型的根本原因，因为只有满足消费者的需求才能迎合市场，才能获取更大的竞争优势。③ Baines 等（2009）通过对英国多家制造业企业的调研发现，当前英国的制造企业已经通过服务转型来满足消费者日益个性化的需求，制造企业服务转型的现象已经日益普遍。制造企业服务转型的动力来源于减少企业运营成本，并增加效益。④ Tan（2010）在 Fishbein 研究的基础上，提出了两种制造业服务转型的策略，即从产品和技术出发，制造企业从生产产品向提供服务的转型策略，以及制造企业以顾客为中心，从为顾客提供服务的角度来生产产品的转型策略。⑤ Lightfoot 等（2011）指出信息化在制造企业服务转型中起到了重要的作用。一方面，信息化是服务化的重要内容，另一方面，信息化是契合消费者需求的重要方法。制造企业通过信息化可以有力增强竞争力，对制造企业的绩效产生重要的影响。⑥

2. 国内学者的研究

胥军和杨超（2010）认为制造企业服务转型出现的前提条件是企业信息化发展达到一定的程度使得制造业和信息产业相互融合、相互促进。⑦ 齐二石、石学刚（2010）指出制造业服务转型的源头是制造业、服

---

① Oliva R., Kallenberg R., "Managing the transition from products to services", *Journal of Service Industry Management*, Vol. 14, 2003.

② Fishbein B., McGarry, L. S. and Dillon P. S., "Leasing: A Step toward Producer Responsibility", NY: Inform, 2000.

③ Ren G., Gregory M., "Servitization in manufacturing companie", Paper Presented at 16th Frontiers in Service Conference, San Francisco, CA, 2007.

④ Baines T. S., Lightfoot H. W., Benedettini O., et al., "The Servitization of Manufacturing: A Review of Literature and Reflection on Future Challenges", *Journal of Manufacturing Technology Management*, Vol. 20, No. 5, 2009.

⑤ Tan, "Strategies for Designing and Developing Services for Manufacturing Firms CIRP", *Journal of Manufacturing Science and Technology*, Vol. 3, No. 2, 2010.

⑥ Baines T., Lightfoot H., Smart P., "Servitization within manufacturing", *Journal of Manufacturing Technology Management*, Vol. 22, No. 7, 2011.

⑦ 胥军、杨超：《我国现代制造服务业的形成机理与发展对策》，《中国行政管理》2010 年第 12 期。

务型制造、服务转型等不同方面联合作用。① 简兆权、伍卓深（2011）根据产业链与微笑曲线理论，指出出现制造业服务转型现象的因素有价值链附加值转移和竞争等因素。② 周大鹏（2013）的实证研究结果显示，服务业投入对制造业绩效有显著影响，但是对于不同类型的制造业，其影响程度是有差异的。③ 刘纯彬和杨仁发（2013）基于面板数据发现工业化程度对制造业服务转型的影响最大，然而产业融合度的促进作用却不太显著甚至有一定程度上的抑制作用。④ 方涌和贺国隆（2014）对国外相关学者的研究结论与成果进行了系统梳理，并总结了制造业服务转型及其经营战略历史演进的三个不同阶段。⑤ 李晓亮（2014）总结出了制造业服务转型的3个形成机理：企业之间的分工与协作，消费者个性化的消费意愿和制造企业自身的产业延伸意愿。⑥ 黄群慧和霍景东（2014）从不同角度出发对制造业服务转型的宏观影响因素进行了相关研究与探讨，并通过研究指出制造业附加值和企业在服务转型上的投入对服务转型有较大的影响，并根据世界投入产出表 1995—2009 年数据分析得出可能促进制造企业服务转型的影响因素有企业的创新能力、人力水平、经济自由度和服务业的相对生产率等，而可能抑制企业服务转型的影响因素有制造产品的附加值率和国家宏观政策等。⑦ 綦良群等（2014）则对几大装备制造企业服务转型案例进行了分析，他从制造企业服务转型过程出发总结出外部因素和内部因素同时对服务转型产生影响。⑧

---

① 齐二石、石学刚：《现代制造服务业研究综述》，《工业工程》2010 年第 13 期。

② 简兆权、伍卓深：《制造业服务化的路径选择研究——基于微笑曲线理论的观点》，《科学学与科学技术管理》2011 年第 32 期。

③ 周大鹏：《制造业服务化对产业转型升级的影响》，《世界经济研究》2013 年第 9 期。

④ 刘纯彬、杨仁发：《中国生产性服务业发展的影响因素研究——基于地区和行业面板数据的分析》，《山西财经大学学报》2013 年第 4 期。

⑤ 方涌、贺国隆：《制造业服务转型研究述评》，《工业技术经济》2014 年第 33 期。

⑥ 李晓亮：《制造业服务转型的演化机理及其实现路径——基于投入与产出双重维度的扩展分析》，《内蒙古社会科学》（汉文版）2014 年第 35 期。

⑦ 黄群慧、霍景东：《全球制造业服务化水平及其影响因素——基于国际投入产出数据的实证分析》，《经济管理》2014 年第 36 期。

⑧ 綦良群、赵少华、蔡渊渊：《装备制造业服务转型过程及影响因素研究——基于我国内地 30 个省市截面数据的实证研究》，《科技进步与对策》2014 年第 31 期。

二 制造业服务转型路径的研究

(一) 国外学者的相关研究

在制造业服务转型路径研究方面,国外学者大多从发展模式与服务转型路径的角度出发,Goedkoop 等 (1999) 通过总结之前学者的研究成果,结合对美国制造企业的探讨,提出了产品服务系统的概念。[①] Davies (2003) 基于微笑曲线视角,对制造企业原先仅有的制造业务进行了上游与下游的延伸,指出制造企业服务转型主要有四条路径可供选择,其中四条路径分别为上游、下游、上下游产业链服务转型与完全去制造化四种路径。[②] Gebauer 等 (2006) 则通过对美国制造企业实际研究的基础上,指出制造业企业服务转型的具体方式,主要可以分为两大类:向消费者提供服务,满足他们的需求;以消费者为核心,联合外部企业来满足他们的服务需求,如服务外包。[③] Davies (2004) 他提出制造企业可以沿着产业链向上游进行服务转型,即传统的制造企业可以通过推出研发、设计等服务实现服务转型。[④] Gebauer (2008) 的研究结论与 Davies 类似,他指出制造业企业服务转型的具体方式有向消费者提供产品支持与售后服务、将非核心制造业务外包和寻找制造企业作为合作伙伴四种方式。[⑤] Tan (2010) 在对两家制造企业服务转型成功案例的基础上提出两种服务转型

[①] Geodkoop M., Van Haler C., Te Riele H., Rommers P., "Product Service-Systems, Ecological and Economic Basics", Report for Dutch Ministries of Environment (VROM) and Economic Affairs (EZ), 1999.

[②] Davies A., "Are firms moving downstream into high-value service", London: Imperial College Press, 2003.

[③] Gebauer H.、王春芝:《制造企业服务业务扩展及其认知因素研究》,《中国管理科学》2006 年第 14 期。

[④] Davies, "Discussion of Supporting Continuous Monitoring Using Control Charts", *International Journal of Accounting Information Systems*, Vol. 5, No. 2, July 2004.

[⑤] Gebauer, "Identifying Service Strategies in Product Manufacturing Companies by Exploring Environment-strategy Configurations.", *Industrial Marketing Management*, Vol. 37, No. 3, May 2008.

策略，即从产品到服务和从服务到产品两种转型路径。[①] Leiponen（2012）通过对芬兰的制造业和服务业的实地调研发现，服务业比制造业的研发更有效率。制造企业为了提高研发效率，采取不断扩大研发参与度的措施，这在某种意义上推动了制造行业与技术服务行业的融合度。[②] Zahir 等（2013）则基于产品生命周期理论，根据制造业服务转型的产生原因与发展特点，构建了服务转型的概念模型。[③]

（二）国内学者的相关研究

在制造业服务转型路径的研究方面，国内学者与国外学者研究方向相同，均是从发展模式与服务转型路径选择入手。综合已有的研究，在此方面的研究现状如下。但斌、刘利华（2007）在制造业企业服务转型发展历程研究的基础上，基于"价值链"视角，指出制造企业可通过自营服务业务、外包服务业务和通过与服务商协同合作提供服务业务的方式来实现服务转型。[④] 简兆权、伍卓深（2011）指出制造业服务化转型是制造企业实际经营中的一种创新，制造业服务化转型是基于价值链视角，并通过对价值链上各种更高价值的业务及流程进行不断整合与创新来提升企业的核心竞争力，制造业服务化转型的实质是企业经营实际的"产品+服务"的模式创新。[⑤] 毛蕴诗、郑奇志（2012）则基于制造企业服务转型实际给出了10条可供选择的转型升级路径。[⑥] 姚奇富等（2012）在对价值链的深入研究基础上，组建了以附加值较高的服务业务为核心的价值链理论，

---

① Tan, "Strategies for Designing and Developing Services for Manufacturing Firms CIRP", *Journal of Manufacturing Science and Technology*, Vol. 3, No. 2, 2010.

② Leiponen A., "The Benefits of R&D and Breadth in Innovation Strategies: A Comparison of Finnish Service and Manufacturing Firms", *Industrial & Corporate Change*, 2012.

③ Zahir A., Takehiro I., Akirak, "The Servitization of Manufacturing: An Empirical Case Study of IBM Corporaton.", *Intenational Journal of Business Administration*, Vol. 4, No. 2, 2013.

④ 但斌、刘利华：《面向产品制造企业的生产性服务及其运营模式研究》，《软科学》2007年第21期。

⑤ 简兆权、伍卓深：《制造业服务转型的内涵与动力机制探讨》，《科技管理研究》2011年第31期。

⑥ 毛蕴诗、郑奇志：《基于微笑曲线的企业升级路径选择模型——理论框架的构建与案例研究》，《中山大学学报》（社会科学版）2012年第3期。

并根据宁波制造企业的实际发展情况给出了"宁波模式"的服务转型路径。① 王敏、冯宗宪（2013）则通过研究指出制造产品的技术含量越高，即产品的附加值越高，微笑曲线在产品上的特征显现得越清晰。②

何哲等（2010）从产业链的角度提出了制造业服务转型的两条路径，即制造企业沿着产业链向下游延伸和制造企业生沿着产业链向上游延伸，制造企业向下游延伸会向销售、营销等服务进行转型，而制造企业向上游延伸则会向研发、采购等服务进行转型。③ 周国华和王岩岩（2009）基于顾客价值理论提出了制造企业服务转型模式，即传统的制造行业需要以顾客为中心，以满足顾客需求为导向，提供向顾客提供服务来促进制造行业的发展模式。④ 许立帆（2014）基于投入产出理论提出了制造业服务转型路径。他认为制造业可以分别将投入服务化和产出服务化实现制造业服务转型，其中投入化服务是指制造企业需要在传统的制造生产中增加服务要素投入，产出化服务是指制造企业不仅要提供实物产品，还要逐步提供无形的服务来获取收益。⑤

胥军、杨超（2010）则在归纳和总结英、美两国生物与高新技术制造业经营模式与经营情况的基础上，指出未来制造业服务转型的实质是制造业与服务业的融合发展。⑥ 安筱鹏（2011）提出了四种制造业服务转型的路径。这4种路径其实都是制造企业在竞争压力下为了获得更高的利润而以顾客为中心，从单纯生产产品到向顾客提供产品和服务的转型过程的总结。⑦ 李浩、顾新建（2012）在分别总结日本、韩国、中国香港及新加坡四个国家和地区制造业服务转型情况、政策导向情况和经营现状的基础

---

① 姚奇富、熊惠平、王红军：《服务型制造的实施路径研究——以宁波制造产业为例》，《企业经济》2012年第5期。

② 王敏、冯宗宪：《全球价值链、微笑曲线与技术锁定效应——理论解释与跨国经验》，《经济与管理研究》2013年第9期。

③ 何哲、孙林岩、朱春燕：《服务型制造的概念、问题和前瞻》，《科学学研究》2010年第28期。

④ 周国华、王岩岩：《服务型制造模式研究》，《技术经济》2009年第28期。

⑤ 许立帆：《中国制造业服务化发展思考》，《经济问题》2014年第12期。

⑥ 胥军、杨超：《我国现代制造服务业的形成机理与发展对策》，《中国行政管理》2010年第12期。

⑦ 安筱鹏：《制造业服务化：机理、模式与选择》，中国社会科学院数量经济与技术经济研究所，2011年。

上，指出了制造业服务转型路径有二：其一为生产性服务转型模式，其二则为制造产品服务转型模式。[1] 解康健（2012）认为中国制造业在价值链处于较低的位置，即研发和营销环节较为薄弱，而这两个环节恰恰是赚取价值较多的，因此中国制造业的转型需要沿着价值链向上游研发及下游营销环节进行服务转型。[2] 赵少华（2014）较为创新地将产品服务系统理论与产业价值链理论相结合提出了制造业服务转型的3种路径：以产品为主的服务转型路径；以产品和服务相融合的服务转型路径；以服务为主的服务转型路径。[3]

三 关于梯度推进相关理论的研究

（一）国外学者的研究

在梯度推进相关研究领域内，国外学者对该方面的研究早于我国，且较多关于该方面的研究均已被实践应用。Hirschman（1992）基于"非均衡增长"理论，推导出随着时间不断地延伸，某区域内的收入会随着时间的变化而扩大，在达到某一数值后则会缩小。此种收入先增长后下降的现象便为不均衡的发展。而梯度转移，则为达到均衡发展目的提供了途径与方法。[4] Friedmann（1961）提出的"核心—边缘"理论则说明了发展过程是由若干个不连续的却又能逐步累积和实现创新的过程组成的。梯度转移的实现是由核心区域不断向周边不协调发展的边缘区域的辐射与扩散。核心区域带动了边缘区域的发展，而不同区域内存在差异的发展情况则是梯度产生的基础。[5] Vernon（1966）则指出不同发展状况的国家或地

---

[1] 李浩、顾新建：《现代制造服务业的发展模式及中国的发展策略》，《中国机械工程》2012年第23期。

[2] 解康健：《基于"微笑曲线"理论的中国服装企业转型升级研究》，硕士学位论文，吉林大学，2012年。

[3] 赵少华：《装备制造业服务化实现路径研究》，硕士学位论文，哈尔滨理工大学，2014年。

[4] Albert Hirschman, "Industrialization and its Manifold Discontents: West, East and South", *World Development*, Vol. 20, No. 9, September 1992.

[5] Friedmann J., "Cities in Social Transformation1", *Comparative Studies in Society & History*, Vol. 4, No. 1, 1961.

区间出现梯度转移的实质是企业对利益的追逐，即梯度转移的地区觉得多数为劳动力较易获得、劳动力价格便宜、自然资源丰富的国家和地区。①

（二）国内学者的研究

马海霞（2001）指出生产要素一般由发达地区向较发达地区或不发达地区扩散，且扩散过程具有连续性和递进性，但扩散的速度则受地域距离、地理环境和交通条件等多重因素的影响。② 曹立、曹伟（2002）提出了反梯度推进理论，不认为梯度推进能为不发达区域带来技术和资本接近或反超发达区域的机会，反而因为技术和资本受制于发达区域而绝大多数时间只能在技术上进行模仿，在资本上进行跟随，而无法达到反超发达区域的目的。因此，不发达区域应根据区域发展的实际情况，向发达区域引进先进技术，并在此基础上发展自己的科技实力，实现跨越式发展与反超。③ 马永欢、周立华（2008）摒弃了传统的由东南沿海地区带动中西内陆地区的发展模式，提出了以优化产业结构为核心的东部发展模式，以节能降耗为核心的中部发展模式，以生态保护为核心的西部发展模式和以资源转型为核心的东北发展模式，全国齐头并进根据自身特点同时进行产业升级。④

王英宪（2013）认为由于客观存在的经济技术势差，产生了经济技术推移的动力，形成了生产力的空间移动，高梯度区域将先进的科学技术扩散和传递至低梯度区域，并随着低梯度区域经济与技术的不断发展，梯度推进的速度能不断加快，区域间的差距能日益减小，高、低梯度区域间的不平衡情况则能逐步改善。⑤ 徐忠爱（2006）认为新行业、新产品、新技术会随着时间的推移由高梯度区域向低梯度区域进行传递。⑥

---

① Vernon R., "International Investment and International Trade in the Product Cycle", *International Executive*, Vol. 8, No. 4, 1982.

② 马海霞：《区域传递的两种空间模式比较分析——兼谈中国当前区域传递空间模式的选择方向：西部产业升级的一种思路》，《甘肃社会科学》2001年第2期。

③ 曹立、曹伟：《反梯度推进：西部产业升级的一种思路》，《延安大学学报》（社会科学版）2002年第1期。

④ 马永欢、周立华：《我国循环经济的梯度推进战略与区域发展模式》，《中国软科学》2008年第2期。

⑤ 王英宪：《基于产业梯度转移视角下的中部崛起战略研究》，《时代金融旬刊》2013年第6期。

⑥ 徐忠爱：《"泛珠三角"经济圈产业梯度转移研究》，《当代经济管理》2006年第38期。

四 对国内外研究的简要评价

国内外文献对课题研究的有益之处有四个方面：其一，比较深刻地剖析了制造业服务转型的发展模式和形成机理，为研究的后续展开提供了理论基础。其二，各种梯度推进与反推进理论为本书的梯度推进与路径选择研究的展开提供了理论支撑，同时也指出了在不同研究对象与范围方面需使用不同研究方法的要点，国内外已有研究结论与成果对本书的梯度推进研究提供了可供支撑的理论与可能适用的研究方法。其三，在制造业服务转型水平测算方面，从指标体系构建及测算方法上提供了借鉴。其四，核密度估计法、微笑曲线理论和 SCP 范式理论等方法与理论为研究的后续进行提供了可行方法与研究框架，在各种理论和方法支持的基础上本书才最终得以完成。

国内外相关研究在理论研究方面还存在一定的待完善与补充之处，即制造业服务转型对制造企业的经营与发展并非具有普适性的作用，制造业服务转型的作用机理探讨及转型水平测度目前还较为浅显。根据长江经济带制造业目前的服务转型情况，如何给出具有针对性的、可实际采用的建议与对策，需要从长江经济带各流域及各行业的发展实际出发，在开展具有针对性制造业服务转型程度测度与研究的基础上，运用科学、合理的方法来给出长江经济带制造业服务转型梯度推进与路径是在研究中需要解决的实际问题。

从目前已有的研究成果与结论来看，近年来国内学者重点研究了制造业服务转型的优势与缺陷方面，但并未继续在此基础上进行深入探讨，制造业企业是否需要进行服务转型？制造企业为何要进行服务转型？制造企业在何种状态下需要进行服务转型？制造企业在服务转型过程中应注意哪些方面？有哪些指标代表着制造企业已开始或正在进行服务转型？制造企业的服务转型已到何种程度？制造企业在目前已有的转型情况下应如何开展未来的经营？这都是本书在研究中需要解决的实际问题。

第三章

制造业服务转型相关理论基础

一 产业价值链理论及其特点

(一) 产业价值链理论定义

自1960年以来，电子通信、机械自动化和计算机技术的迅猛发展加速了信息的传递速度，使得"地球村"正从一个概念逐步变为现实。信息传递速度的提升使得商品信息变得越来越透明，国际贸易的发展也越来越迅猛，经济全球化的趋势也越来越明显。第二次世界大战后，战败国和胜利国间的国情差异，造就了第二次世界大战后几十年间不同国家间经济发展情况的巨大差异。以美国为首的西方胜利国在第二次世界大战后的几十年间通过原始积累等方式获得了竞争优势，成为发达国家。而随着经济全球化的日益加强，各产业也在世界不同国家间进行了有序的分配，也即产业价值链的苗头自此开始冒出。

价值链概念的提出于20世纪80年代中期，价值链上、中、下游的总和是企业所有生产经营活动环节的总和，包括设计研发、生产制造、广告营销、售后服务、采购、人力、财力等。其中价值链理论如图3-1所示。

全球价值链理论的支撑有两条著名理论，分别是国际分工理论与国际贸易理论。其具体含义是企业在经济全球化趋势下，各国家和地区在整个产品制造及销售全过程中扮演的角色和占据的环节，例如研发设计环节、生产制造环节、仓储运输环节、营销售后环节等。其中全球价值链理论如图3-2所示。

产业价值链理论是将价值理论与产业链理论综合在一起，通过判断不同的资源所带来的价值，可以对企业创造价值的活动进行有效识别，并科学配置资源，实现效率的提升，也能提高企业在市场竞争中的竞争力，从

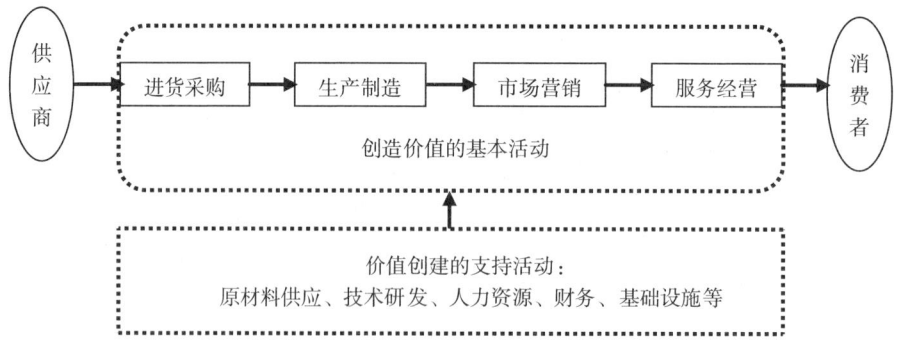

图 3-1　价值链理论

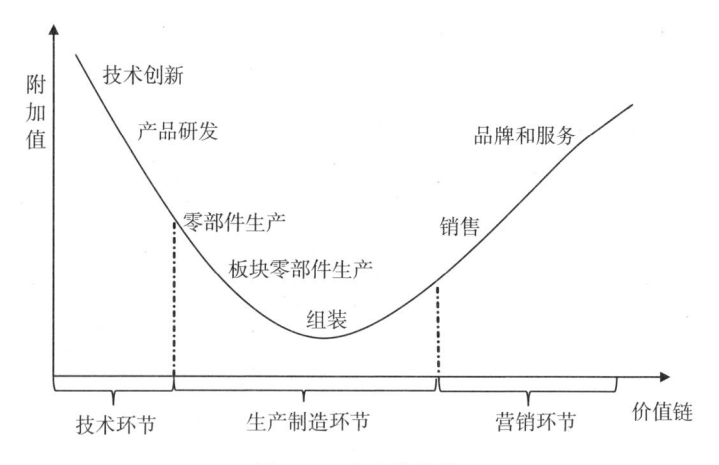

图 3-2　全球价值链

而提升企业利润率。理想状态下，企业所进行的所有活动最终都应该贡献于企业最终产品的价值增值，而这种在产品整个流通环节中价值不断提升的过程，称作价值链。价值链的研究侧重点是对企业在各个经营环节中所制造价值的研究，而非对企业在各个经营环节中的成本研究。基本价值链如图 3-3 所示。

价值链是可以细分的，例如市场销售活动可以按照价值链理论进行细分，以便寻找到市场销售活动中对企业利润最有影响的活动。在企业实际的经营过程中，并非所有的经营活动都会为企业创造经济价值，从企业的实际的价值链分析来看，产品从原材料采购至生产，再到最终出售，整个环节中只有某些特定的工序为企业创造了经济价值，而暂未为企业创造价值的环节则是必不可少的支撑环节。所以企业要区分能够为自己创造价值的活动环节和不能为自己创造价值的互动环节，对于能够创造价值的活动

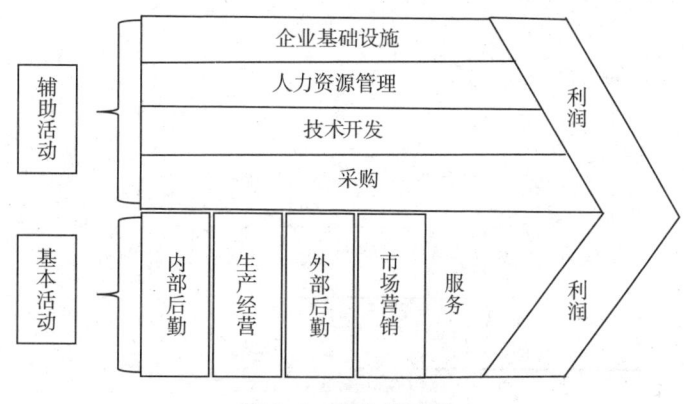

图 3-3　基本价值链

环节，需要进行强化，以便于确定竞争优势，对于不能创造价值的活动环节也不能停止，因为这是创造价值活动的不可缺少的支持。价值链理论给企业的启示是企业需要找准自身的价值活动环节，并予以保持和强化。基于价值链理论的制造业服务转型升级模式主要有4种，分别为原始设备制造商模式（OEM）、原始品牌制造商模式（OBM）、原始设计制造商模式（ODM）和全流程生产企业模式（TPM）。

在四种模式中，OEM 模式指企业根据客户的实际需求来制造与客户需求向匹配的产品，即为俗称的贴牌生产；而 ODM 模式的含义则为原制造厂商具备较好的实力，其他厂商可在购买该产品后根据自己产品的实际需求进行细微调整即可；OBM 模式则是指制造商拥有自主设计、生产和制造能力的产品；TPM 模式则指制造商拥有贯穿产品设计、制造和营销全体系的产业链。基于价值链分布的制造业服务转型升级模式如图 3-4 所示。

（二）产业价值链特点

企业内部及企业之间均存在产业价值链，并且随着产业分工的细化，企业创造价值必须依靠其他企业的协同，且因为生产的客观次序造成了企业在协调创造价值中是存在先后次序的，因此在整个程序中处于不同环节的企业互相联系构成了产业链中上下游伙伴关系，并结合起来共同创造价值。由此，可以总结出产业价值链的特点：

（1）协同性。协同性就是指产业链要依靠不同的企业相互合作与协同来创造价值，即使是企业内部的价值链，也需要不同部门或人员的相互

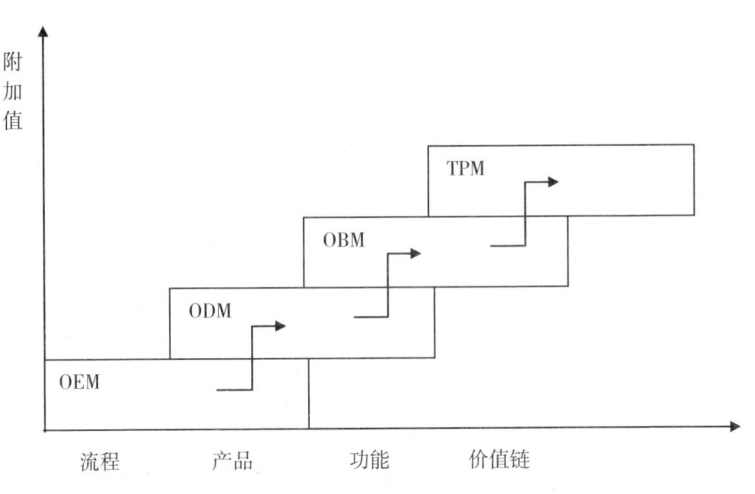

图 3-4 基于价值链分布的制造业服务转型升级模式

合作与协同来创造价值。产业价值链的协同性是产业分工与合作的必然体现。

（2）增值性。当一条价值链已经为企业创造了价值产品后，后续环节能在之前环节对产品增值的基础上，根据消费者新的需求，进行不断调整与研发来提供新的产品与服务，可以实现价值增值。产业价值链的增值性有非常强的实际意义，因为产业价值链实现增值才使得企业愿意不断对既有的产业价值链进行延伸，从而不断地满足顾客的潜在需求。

（3）循环性。产业价值链的循环性是指一条既有的产业价值链在时间上是一个前后继起的循环过程，即一个产业价值链的某个价值活动在时间上是不断运行的。

（4）融合性。随着技术进步以及新思想、新模式的出现，不同产业之间的隔阂在逐渐消失，产业间的关联性在加强，原来不相关的产业价值链出现相互融合的趋势。

（三）制造业服务转型的价值创造模式

制造业服务转型需要企业在实际经营过程中传统经营理念，由"制造"的思想转化为"智造"的思想，而在实际实施过程中则需要企业在原有的以产品制造为经营侧重点转换为以提供高附加值的业务为侧重点，以为客户提供全套的产品+服务的解决方案来实现经营绩效的持续增长。因此，制造业企业的服务转型要求企业在实际经营中通过对原有主营业务进行删减或整合合理配置自身资源，并通过更新、改革或重组的方式开展或延伸服务业务。但制造业服务转型并非是要求企业完全放弃原有的制造业务，而是在原有制造业务的基础上做细、做精、做强，并在产品制造的基础上为客户提供与产品向配套的各种服务与解决方案，进一步拓展企业利润增长空间。此外，制造企业的服务转型除了能为企业带来看得见、摸得着的经济效益，还能减少因产品制造对环境产生的污染，实现"既要金山银山也要绿水青山"的可持续发展目标。

第一，客户互动生产。

根据目前制造业发展的趋势来看，客户在整个制造与销售流程中所扮演的角色已由以往的购买者转变为制造的参与者，企业根据客户需要来研发与制造产品，而客户与企业的全程互动又让企业对客户的需求有了更直观的了解，促使企业对产品在现有设计与质量的基础上进行再设计与再提升，帮助企业对原有产品进行进一步的改良与优化。

此外，在制造企业向客户提供产品及相关增值服务的同时，也能自客户方面收集产品和服务的相关使用意见，根据客户反馈来来进一步实现产品和相关增值服务的换代与创新。各制造企业只有以客户需求为出发点来开展相关经营管理活动，实现与客户的全程互动制造生产，才能不断提升企业核心竞争力，争夺市场份额，实现企业绩效的稳步增长。

第二，资源优化整合。

从资源整合的角度出发，各学者均认为制造企业能通过对企业原有人力、物力和财力等多方面的资源重组、整合与配置来提升企业核心竞争力，从而在激烈的市场竞争中获得更大的竞争优势。而制造业服务转型本身具有协同效应特征，服务业务在为企业带来更高利润的同时还能产生规模经济效益，倒逼企业控制产品制造成本，持续不断为企业绩效增长带来动力。制造业企业的服务转型则能使产品生产流程更加模块化与协同化，从而在整体经营方面提升产品质量和企业服务业务效率。因此，从优化整合企业的角度出发，制造业企业只有不断优化与整合企业资源配置、迭代与更新服务业务及相关业务要素投入才能增强企业在微笑曲线上游的增值能力。

第三，环境协调发展。

随着"温室效应"的逐渐增强，各国在经济发展的同时对污染治理与环境保护的力度也越来越大，在各国环境保护法规相继出台与更新的同时，我国也提出了"既要金山银山、也要绿水青山"的发展理念。此外，目前消费者在购买产品时也越来越注重产品对自然环境的影响，例如各电子产品标签上的节能标识与污染物含量等因素均左右着客户的购买及使用意愿。因此，目前各制造企业在实际生产制造时也越来越关注生产制造对自然环境的影响。而服务转型在帮助制造企业获取服务业务利润的同时，不仅能保护企业周边环境，还能从企业研发、设计、制造、宣传、销售和维护等各个业务环节减少资源浪费、降低环境污染、节约社会资源、实现清洁生产、降低经营成本，更能在消费群体中树立保护环境的口碑，以"环境保护"的标签来吸引更多的客户。

二 产品服务系统理论

产品服务系统（Product service system，PSS）是指制造厂商在原有制造业务的基础上开拓销售业务。产品服务系统贯穿产品的全部生命期，是将产品与服务高度融合的一种现代化生产方式。

产品服务系统包括以下四种类型：

第一，面向产品的产品服务系统（Product‐oriented PSS，PPSS），PPSS 是服务转型程度最小的系统，制造商不向消费者提供产品，而仅为消费者提供服务。

第二，面向方案的产品服务系统（Scheme‐oriented PSS，SPSS），SPSS 的服务转型程度高于 PPSS，制造商在向消费者提供产品的同时也提供了服务。

第三，面向应用的产品服务系统（Apply‐oriented PSS，APSS），APSS 的服务转型程度又高于 PPSS，制造商在向消费者提供产品与产品配套服务时，又提供产品的出租等服务。

第四，面向效用的产品服务系统（Utility‐oriented PSS，UPSS），UPSS 则是服务转型程度最高的系统，其主要侧重点不在产品，而在为消费者提供所需要的服务。其中 PPSS、SPSS、APSS、UPSS 对应的模式分别为 OSM、ISM、CSM、PSM。具体情况如图 3-5 所示。

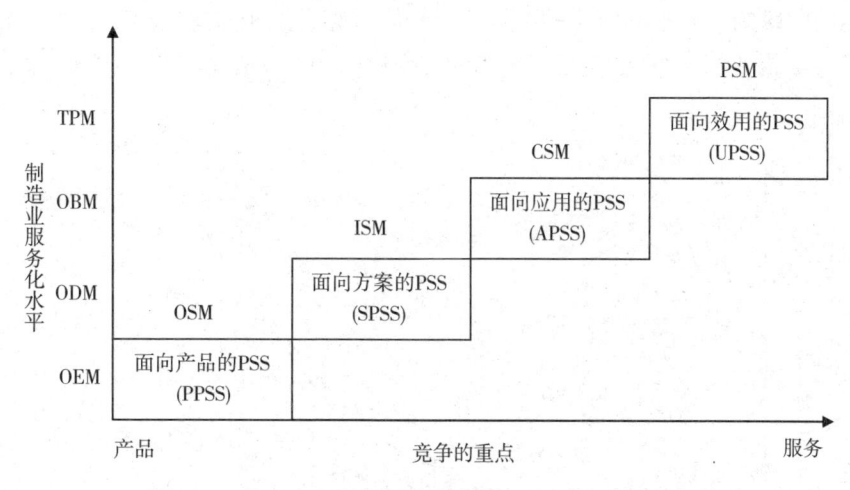

图 3-5 基于产品服务系统的制造业服务转型升级模式

三 微笑曲线理论

（一）微笑曲线理论

施振荣于 1992 年提出了"微笑曲线"的概念，他指出，根据目前全球经济一体化的趋势，制造业产业间的分工逐渐由产品分工转变至生产要素分工，而各国各制造企业则根据自身在整个产业链中的实际竞争能力与经营需要，承担或参与整个价值链中某些环节或某个环节的制造及其他相关工作。[①] 根据微笑曲线的实际显示来看，位于微笑曲线左侧的是附加值较高的研发环节，位于微笑曲线中部的是附加值较低的制造环节，而位于微笑曲线右端的则是营销与售后环节，微笑曲线不同位置所对应的环节不同，对应的附加值也不同。其中微笑曲线如图 3-6 所示。产业分工与协作的国际化是微笑曲线理论得以产生的主要原因。在国际化的分工与协作中，不同国家或地区会依据生产要素的优势而加入到国际分工中，而研发与营销等生产要素相对稀缺，就使得这两个环节赚取的利润最大。将微笑曲线与生命周期理论结合，在微笑曲线的基础上可将产品生命周期的各个

---

① 施振荣：《"微笑曲线"》，《竞争力·三联财经》2010 年第 4 期。

不同阶段细分为不同的步骤，且能对不同步骤设立相对应的标准，而将不同的步骤按产品生命周期的顺序连接起来，则构成了微笑曲线的标准结构。

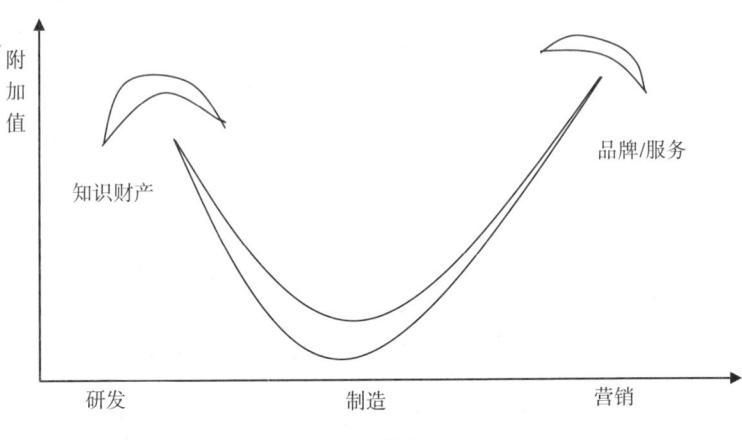

图 3-6　微笑曲线

（二）基于微笑曲线理论的服务转型模式

根据施振荣的微笑曲线理论，可将制造业服务转型模式分为以下四种：下游产业链服务转型模式、上游产业链服务转型模式、上下游产业链服务转型模式和完全去制造化四种模式。

1. 下游产业链服务转型模式

下游产业链服务转型模式的含义是制造企业在微笑曲线下游所对应的售后服务与营销环节增加经营投入，并以高投入的方式对相关服务业务展开营销活动，并以提升服务业务的数量、质量与经营占比来提升服务转型水平。其中下游产业链服务转型模式如图 3-7 所示。

2. 上游产业链服务转型模式

上游产业链服务转型模式的含义为制造厂商在微笑曲线上游所对应的研发环节进行深耕，以增加对设计、研发等相关业务的投入来提升企业整体服务转型水平。上游产业链服务转型模式详情如图 3-8 所示。

3. 上下游产业链服务转型模式

上下游产业链服务转型模式则是指制造企业在实际经营中不仅向微笑曲线左侧转移，且同时向微笑曲线右端转移，即企业在实际经营中同时向微笑曲线上游和下游发力，向附加值较高的上下游同时增加投入，既提升

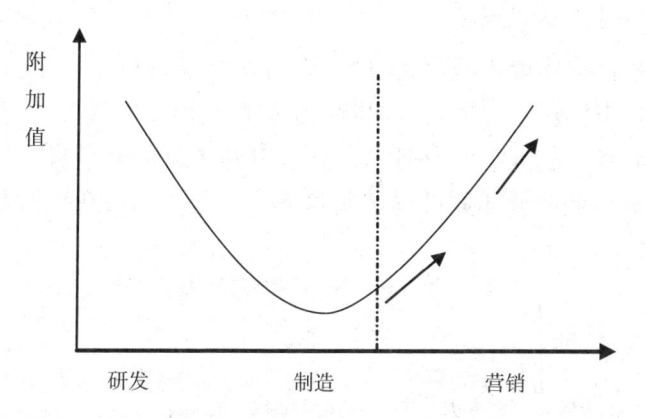

图 3-7 基于微笑曲线的制造业服务转型升级下游产业链服务化路径

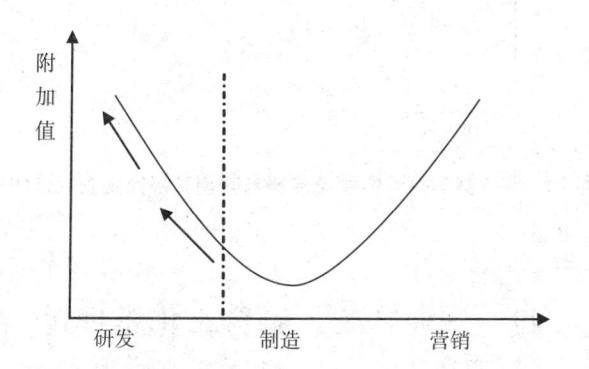

图 3-8 基于微笑曲线的制造业服务转型升级上游产业链服务化路径

研发设计环节的投入,又增加售后与营销环节的投入。上下游产业链服务转型模式如图 3-9 所示。

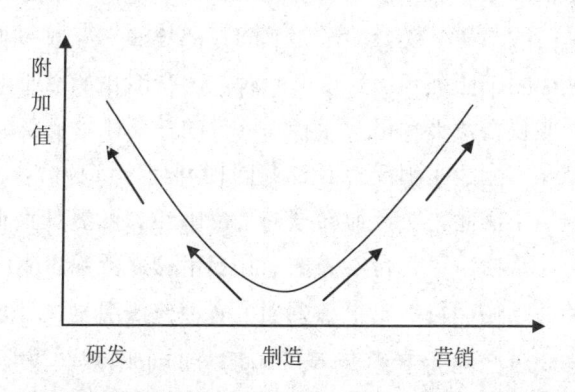

图 3-9 基于微笑曲线的制造业服务转型升级上下游产业链服务化路径

4. 完全去制造化模式

完全去制造化模式的含义则为制造企业在实际的经营中完全抛弃以往附加值较低的制造环节，而向附加值较高的微笑曲线上游与微笑曲线下游进行扩展与延伸。即向研发设计环节和售后与营销环节增加投入，并不再对以往的制造环节进行持续投入。完全去制造化模式如图 3-10 所示。

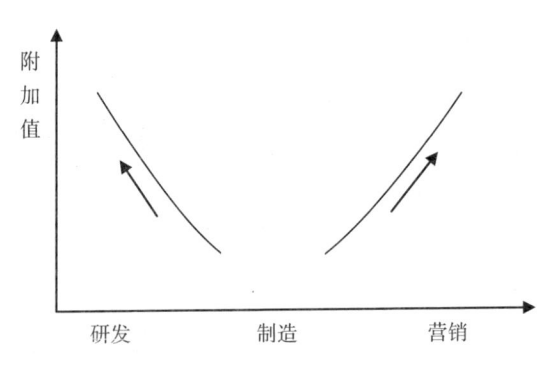

图 3-10 基于微笑曲线的制造业服务转型升级完全去制造化路径

四 产业转移、融合、集聚理论

（一）产业转移理论

产业转移指的是产业在地理空间的位置发生变化。产业转移的开展将显著影响区域内的产业结构及相关产业的发展状况。根据产业转移的空间方向，可将其空间主体细分为转出区与转入区，即相关产业由前者向后者进行转移。产业转移要求转出区与转入区之间存在比较显著的产业结构及具体类别的差异，能够实现优势互补共同提升相关区域的产业发展水平。对于转出区这一主体而言，产业转移的直接影响表现为对产业结构的优化和调整作用。通常情况下，符合发展实际与市场经济规律的产业转移将提升转出区的产业结构的科学水平。例如，欧美发达国家通过对外投资或者合作经营的方式将产品生产组装等低端环节向东南亚欠发达地区进行转移，自身则集中精力开展技术创新和产品研发工作，从而显著提升了产业结构的科学性及制造业服务转型水平，进一步提升了自身产业竞争优势。

通过产业转移，能耗、成本和污染高的产业将由转出区向转入区进行转移，有利于提升转出区的环境保护水平，改善自身的环境质量。此外，产业转移的过程中往往能够获得转入区政府提供的优惠税收政策，从而降低企业的整体经营成本，实现更高的利润，从而进一步提升转出区的竞争优势。产业转移的负面影响主要表现为自身制造业竞争优势有所下降，转入区的生产成本优势将转变为价格优势，从而影响本地区产品的销售水平，引发不同程度的"贸易抑制效应"。从转入区的角度来看，产业转移的影响首先表现在能够提升其产业发展水平和整体规模，提高转入区的产业发展水平，创造更多的就业机会，加快转入区产业经济的发展速度。通常情况下，转入区的整体发展水平落后于转出区，自身产业缺乏技术支持和发展能力，但是表现出人力成本低、资源丰富等发展优势。科学合理的产业转移将显著提升转入区的产业发展水平，从而加快转入区社会经济的整体发展速度。对于转入区而言，产业转移的不利影响具体表现为资源的快速消耗与生态环境的严重破坏。转出区在开展产业转移活动时，通常选择能耗高、污染大、人力成本高的产业，因此随着产业转移的持续开展，虽然能够提升转入区的产业与经济发展水平，但是将造成更加严重的资源损耗与环境污染问题，甚至其负面影响超出了其积极作用，从而危害转入区的健康发展。因此，转入区在开展产业转移活动时，不能丧失基本的可持续发展原则和管控原则，需要严格约束转入产业的各项活动，实现发展与保护的均衡，避免造成严重的环境污染和利益损失，确保产业转移的可持续发展。

目前，产业转移已经形成了多种不同的发展形式，主要表现为垂直型产业间转移、水平型产业内转移以及协作型产品内转移等。各转移模式的具体特定表现在：垂直型产业间转移表现出高度标准化的产品内特征，能够满足国际产业分工的产品要求，发挥不同环节的比较优势，实现相关产业在比较优势国家即转入区的集聚，并实现其从转出区的退出；水平型产业内转移保留了转出区部分生产功能，而是重点将部分原料消耗大、重化工型的产业环节进行转移；协作型产品内转移则以附加值相对较低的部分环节由转出区向转入区转移，仍将部分产业链环节保留在转出区内实现产业协作发展，如表3-1所示。

表 3-1　　　　　　　　　　　产业转移模式及特点

产业转移模式	特点
垂直型产业间转移	产品高度标准化，符合国际产业分工，国家之间在不同分工环节上具有比较优势，转出国完全退出该环节
水平型产业内转移	转出国并不完全退出该环节，转出环节主要以原材料类重化工产业为主
协作型产品内转移	转出国保留部分产业链，主要以低附加值的低端加工组装环节为转出标的

（二）产业融合理论

1. 产业融合理论

产业融合是指两个或多个不同产业相互交叉与渗透，形成一个新的产业业态的过程。技术创新是产业融合的发展基础，为不同产业的交叉和交互创造了前提条件，特别是数字技术、网络技术、信息技术等的创新和发展进一步提升了产业融合的发展水平，在模糊产业界限的同时实现了产业的有机关联，打破了传统的行业壁垒，构建起跨产业的合作关系，从而积极有效地提升了产业融合发展水平，为产业的创新发展提供了一种新的模式。科学合理的产业融合将加快经济发展速度，提高技术创新和产品研发水平，能够更好地满足市场需求从而实现良好发展。影响产业融合的因素具体分为两大类：以技术创新为代表的内部因素及以放松管制为代表的外部因素。内部因素中的技术创新将实现新旧技术的换代升级，新产品的研发和应用也将对其他产业产生显著影响，从而加快产业原有生产技术的创新发展速度。通信技术的创新推动了智能手机的创新发展，也为各类手机应用软件的设计开发创造了良好的市场环境；技术创新能够显著提升生产效率，从而降低生产成本提高产业的整体效益和效率，从而降低产品价格、利润却提升其销售水平和竞争优势，从而促进产业及企业的良性发展。如手机制造商与通信运营商的业务合作，诞生了"预存话费送手机"的新型营销模式，不仅为手机厂商的产品营销开创了一个新的渠道，也极大满足了通信服务商的发展需求。技术创新也将改变产品和市场的结构，对消费者的消费观念和消费模式产生了显著影响，从而促进新兴产业的出现和发展，对传统的产业格局造成了巨大影响。

以放松管制为代表的外部因素也将对产业融合产生显著的影响作用。政府的监管行为将直接影响产业融合的发展状况。以互联网金融这一新兴产业为例,互联网同金融业务的融合发展诞生了一种全新的金融服务模式,从而加大了监管的难度。政府的监管态度直接影响了互联网金融的发展环境,从而对这一新兴产业的发展产生巨大影响。由表3-2可知,产业融合具体表现为技术融合、市场融合及业务融合等不同的类型。

表3-2　　　　　　　　　　产业融合类型及特点

产业融合类型	特点
技术融合	技术革新引发的原有技术或产品有可替代性或关联性的技术或产品,改变了传统的技术路线
业务融合	在营销、管理、财务等领域的业务优化或不同领域的业务创新改变了原有的业务模式
市场融合	应用创新、市场竞争等引发的不同类型产品在新市场的应用,创造了新的价值,激活了新的市场

2. 产业融合形式

(1) 产业渗透

产业渗透这一融合发展模式多出现在高新技术产业同传统产业之间,一般发生在二者的边界处。详见图3-11所示的渗透过程。在科技创新发展的推动下,高新技术产业呈现出高速发展势头,成为产业经济最具发展潜力的领域。在产业快速发展的同时,行业竞争也不断加剧,推动了高新技术产业的创新发展。在自身发展过程中,高新技术产业不仅需要继续保持自身发展优势,同时也需要开展产业创新发展,逐渐向传统产业的领域进行拓展,以此提升自身发展水平并扩大自身市场规模,间接推动了传统产业的生产效率,体现出显著的带动效应。

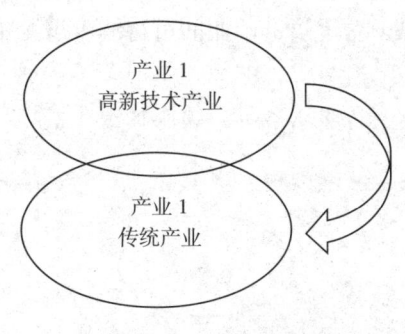

图3-11　产业渗透

(2) 产业交叉

此类融合发展模式具体表现为不同产业之间的相互延伸和拓展,实现部分领域的相互合作与优势互补从而发挥产业融合的优势。产业交叉的具体形式详见图 3-12。由图 3-12 可知,产业交叉一般存在于高新技术产业内部,具体表现出基于产业链的技术与服务的延伸,导致产业的边界逐渐模糊并形成一种广泛关联的大规模的产业链,从而实现产业链的集聚优势。产业交叉这一融合形式多表现为部分环节或者领域的融合发展,一般不会导致原有产业的消亡,其结果是形成一种全新的、更加科学合理的产业结构。

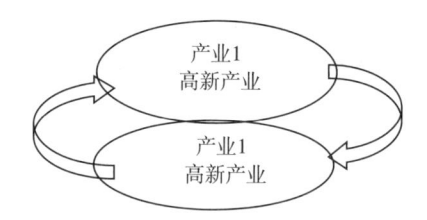

图 3-12 产业交叉

(3) 产业重组

此类融合模式是目前最常见、最主要的产业融合形式,产业重组的一般流程详见图 3-13。该融合模式通常发生在彼此之间存在显著关联性的产业之间,多以子产业的形式共同构成一个更大规模、更高层次的产业体系。例如,第一产业可以通过生物链这一特殊的关联结构,对与之相关的农业、畜牧业、种植业等产业进行重新整合,实现第一产业的创新发展并提高产业的综合效益和整体发展水平。这种产业的创新发展模式是农业现代化发展的必然趋势,对于第一产业的可持续发展至关重要。

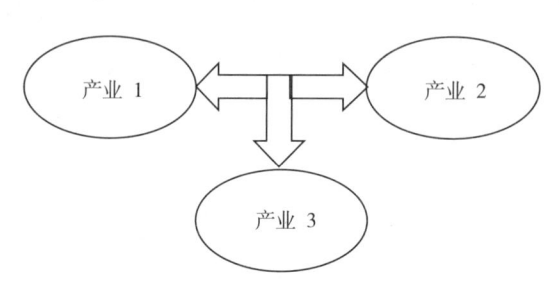

图 3-13 产业重组

(三) 产业聚集理论

该理论的代表性学者为 Marshall，他将产业集聚定义为以专业技能人才为主体开展的一种基于空间层面的集聚活动，提高了产品与服务的专业化及效率水平。产业集聚实现了特定区域内与某一产品生产相关的不同企业之间的科学聚集，构建起更加高效、更加低成本的产业链条，实现了特定产品的规模化、专业化与集中化生产。[①] 产业聚集主要分为同产业聚集区、产业链聚集区、关联产业聚集区等不同的表现形式，具体如表 3-3 所示。

表 3-3　　　　　　　　　　产业集聚模式及特点

产业集聚模式	特点
同产业聚集区	生产经营同类型或处于相同生产阶段的企业在特定地理区域聚集
产业链聚集区	以某个大企业或者核心企业为中心形成具有上下游产业链关系的一群企业在特定地理区域的聚集
关联产业聚集区	为同产业聚集区和产业链聚集区的综合，由生产同类型或处于相同生产阶段企业和具有直接上下游产业链关系的企业，又有相关互补或配套产品生产以及提供专业化的服务活动的企业在特定地理区域上的聚集

五　制造业企业服务转型的可能性与必要性

（一）传统制造业与制造业服务转型的对比分析

传统制造业是指以原材料加工或半成品加工组装为主的劳动密集型企业。随着技术及信息科技的发展，目前制造业发展的趋势已从以往的原材料加工与制造生产逐渐转变为高科技技术制造和信息技术服务，单纯的产品制造已无法满足客户的多样化需求。目前先进制造企业获得超额利润的方式主要为制造业价值链上游的研发、设计和调研和制造业价值链下游的维修、销售与广告等服务业务。从制造业服务转型的角度出发，制造企业实现服务转型的主要方式是将经营策略向制造业价值链上游及下游进行倾

---

① Marshall, "On the Significance of Two-way Coupling in Simulation of Turbulent Particle Agglomeration", *Powder Technology*, Vol. 318, August 2017.

斜,由单纯的制造者转型为"产品+服务包"的提供者。我们在查阅相关资料的基础上,通过对比与分析,总结了传统制造业与制造业服务转型的异同点,其对比如表3-4所示。

表 3-4 传统制造业与制造业服务转型对比

类别	传统制造业	制造业服务转型
经营范围	价值链中游的产品制造	价值链上游的研发、销售和售后服务等
生产周期	较长	灵活调节,周期可长可短
价值链环节	以中游价值链的制造环节为中心	以价值链上游与下游的服务为中心
技术水平	较低	较高
经营要素	生产要素	服务要素
市场定位	低端生产定位	高端服务定位
利益驱动	短期利益	长期利益

除表3-4对比所示区别外,传统制造业与制造业服务转型在价值链结构方面也有着较大的区别,如图3-14所示。

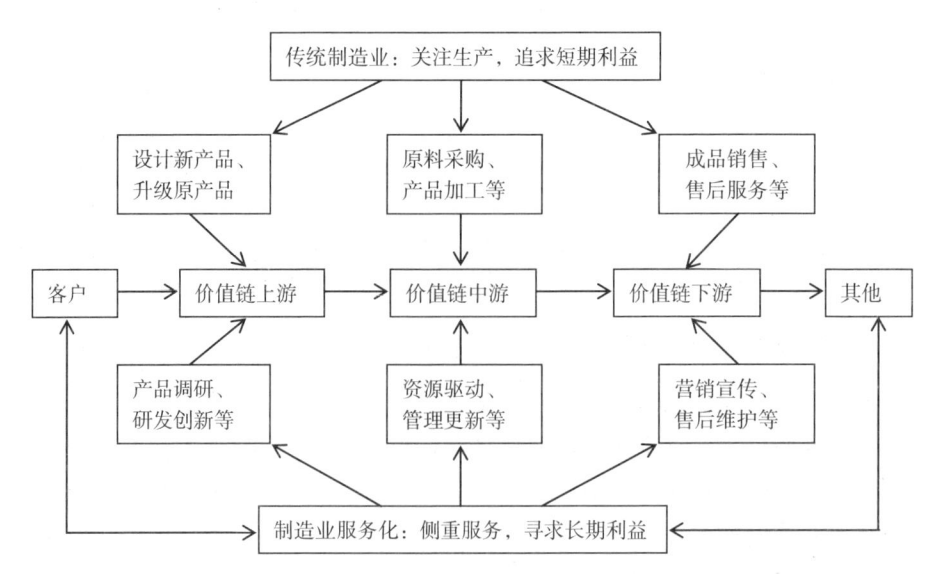

图 3-14 传统制造业与制造业服务化在价值链结构方面的异同比较

(二) 制造业服务转型的可能性

与发达国家的大型制造企业相比,目前我国制造企业普遍存在着研发能力较弱、产品创新程度不高、资源利用率较低、环境污染较大和不可持续发展等问题，从以上问题来看啊，我国传统制造业在未来的经营中需要且有必要进行服务转型经营。

鉴于以上情况，世界各国学者以我国不同地区或不同行业的制造企业为样本，从不同角度对企业经营与发展情况进行了调查与研究。根据研究结果来看，绝大部分学者认为我国制造企业已达到了发展瓶颈，实际经营面临来自各方面的压力。而从全球制造业的发展实际情况来看，我国制造企业同时也拥有着各种机会，制造业升级与转型的需求迫在眉睫。我们在收集、梳理和汇总各国学者结论与成果的基础上，总结了我国制造业目前所面临的主要问题，具体如下所述。

1. 利润率低、环境污染大

因我国制造业起步较晚，以往制造企业都以模仿、简单加工和代工进行实际经营来争夺市场份额，企业研发能力、设计创新力和产品张力都较低，无法与发达国家大型制造企业进行竞争。而我国制造业所采取的劳动密集型经营策略，靠依赖低成本的人工劳动来进行市场竞争所形成的"船大难掉头"现状也是目前我国制造企业升级与转型所面临的主要难题之一。而目前人工成本、土地价格和原材料价格上涨，经济全球化给我国制造企业带来的冲击较大，且随着我国供给侧改革政策的持续深入，以往在生产经营中给环境造成污染的企业已面临倒闭及破产的问题。

2. 专业水平低、竞争压力大

产品的属性细分侧重点与专业化程度是制造企业赖以生存和竞争的经营重点，产品属性细分侧重点取决于企业所在行业与市场需求，而专业化程度则包含了研发专业化、设计专业化、制造专业化、管理专业化和售后专业化等多个方面。而目前我国绝大多数制造企业在以上专业化方面的表现均不容乐观：研发人员能力较弱导致了研发专业化程度较低；对设计人员培养的不重视导致了设计专业化程度较低；"劳动密集型"的经营方式导致了制造专业化程度较低；高级管理人员的匮乏导致了管理专业化程度较低；而"产品售出概不退换"和"专心干好老本行"的老思想又导致了售后专业化程度较低的现状。与国外高新技术和制造企业相比，我国传统制造企业面临多方面、多角度和多维度的压力与挑战。从目前全球制造业的实际发展来看，我国传统制造业的经营与发展理念已不适用于目前瞬息万变的市场环境和需求多样化的客户愿景，我国制造业企业进行服务转型的任务已刻不容缓。

(三) 制造业服务转型的必要性

制造业服务转型的实质是制造企业在实际经营中采取向制造业价值链上游及下游延伸的经营策略，且在向价值链上游及下游延伸的同时以客户需求为实际出发点来进行企业的升级与转型工作，而以客户需求为出发点的立场使得服务转型在企业的实际经营中具有相关性、重要性和必要性的特点。

1. 制造业服务转型有利于满足客户多样化需求

制造业企业服务转型的主要动力之一是满足客户多样化的需求，而以往只关注产品制造的企业理念和经营方式已远不能适应如今的市场竞争。在当下的市场竞争中，能占据大量市场份额、获得竞争优势的往往是那些以满足客户需求为出发点经营的企业，而传统制造企业因未能较好地满足客户需求，难以适应市场竞争，市场份额日趋降低，如此恶性循环导致企业难以在激烈的市场竞争中把握好自身的经营定位，错失发展机会并流失大量有价值的客户，长此以往，企业将面临难以持续发展的难题。

2. 制造业服务转型有利于提升企业多方面能力

从制造业的实际市场发展情况来看，企业获得竞争优势的方法多种多样，例如通过低成本或提高专业化程度来获得竞争优势，而通过采取差异化策略进行经营无疑是获得竞争优势最快且最有效率的途径。服务业务是目前制造企业所能采取的最有效的差异化经营手段，随着制造企业产业延伸，实现服务转型，服务业务能有效提升制造产品附加值，增加企业核心竞争力，为企业带来更高的利润率。因此，企业开展服务业务是企业未来在市场竞争中获得一席之地的重要手段之一。

3. 制造业服务转型有利于企业增加产品利润率

从各国制造企业的经营实际来看，各国企业均能过通过服务转型提升企业整体绩效，而根据服务业务自身属性来看，因其具有的差异性、稳定性和长远性特点，服务业务不仅为企业带来了较高利润率且较稳定的收益外，还在较大程度上为以往制造企业经营中出现的同质性、不稳定性和短期性经营现象做了较好的弥补，更利于企业的长久、稳定、健康发展。从IBM和GE公司的经营实例来看，服务业务能为制造企业带来比原有制造业务更高的收益，使企业在市场竞争中更具优势。

4. 制造业服务转型有助于企业改善自然环境

制造企业的服务转型能为企业带来比原有制造产品更高的利润，企业在获利后能在原有制造业务板块进行设备更新与研发设计，促进设计工艺的更新、制造流程的优化、资源利用率的提升和环境污染的减少，在良性循环的作用下，企业不仅能在市场竞争中获得一席之地，而且能够进一步减少因制造加工对环境造成的污染，承担更多的社会责任。因此，制造业服务转型不仅有助于企业自身的发展，其有助于改善自然环境，实现"既要金山银山也要绿水青山"的发展目标。

六 制造业服务转型水平的测算方法

目前，在对制造业服务转型水平进行分析测算时，主要从投入或者产出等不同角度为出发点进行研究分析。在选择何种分析测算方法时，具体需要考虑数据来源和计算要求，一般以数量和质量两个维度为指标对服务转型水平进行评估和分析。常见方法具体如下：

1. 赫芬达尔指数法

赫芬达尔指数（HHI）计算方法为特定行业各竞争主体的收入或资产在行业总量中所占比重的平方和。其计算结果能够比较准确、客观地对产业集中度进行表述，也体现了行业的垄断水平。该方法可以对行业不同主体的市场占有率、市场整体结构等具体情况进行分析。详情见公式3-1。

$$HHI = \sum_{i=1}^{n}(a_i/a)^2 = \sum_{i=1}^{n}x_i^2 \qquad (3-1)$$

其中，a_i表示i企业的总收入或总资产，a表示市场的总收入或总资产，x_i表示第i个企业的市场占有率，n则为整个行业中企业的总个数，n最好大于50。

2. 熵指数法

熵指数法（DT）能够对某一指标的分布水平进行测算，也能够衡量不同企业的多元化发展水平及企业间在同一产业链的聚合水平。该指标的计算依据为企业特定销售收入在其总收入中所占比重。也就是企业特定行业中产品销售收入与其经营收入之比，详情见公式3-2。

$$DT = \sum_{i=1}^{n}P_i\ln\left(\frac{1}{P_i}\right) \qquad (3-2)$$

其中，P_i 表示企业的市场份额，n 则为企业的总个数。

3. 专利系数法

专利系数法对不同产业所包含专利数在总行业专利数中所占比重进行计算来评估产业融合的程度。系数大小与不同产业的相关度水平正相关，系数的变化情况能够反映不同产业的融合趋势与可能性。

4. 投入产出法

该方法通过对特定目标对象所表现出来的投入与产出数据进行计算与衡量，得到投入产出表。根据投入产出表的数据能够对彼此关联的不同部门之间的投入产出系数进行计算，详情见公式3-3。

$$a_{ij} = \frac{X_{ij}}{X_j}(i, j = 1, 2, 3, \ldots, n) \qquad (3-3)$$

其中，a_{ij} 表示 i 部门对 j 部门的投入产出系数，X_{ij} 表示 i 部门对 j 部门的投入，X_j 表示 j 部门的总产出。

以上所述的四种方法中，其具体的实现过程均表现出不同的要求。其中，赫芬达尔指数法、熵指数法的计算基础为行业完整的数据，侧重于微观层面的计算分析；专利系数法则必须获得比较全面、准确的专利数据信息，上述方法在数据获取方面均存在较大困难；而投入产出法需以相应的投入产出数据为计算基础，考虑到我国已经逐渐形成了比较完善、准确的投入产出表，因此表现出更好的实用性水平。

七 制造业服务转型梯度推进动态演进的测算方法

结合制造业服务转型发展历史数据对其未来发展水平及趋势进行预测，可为相关研究提供比较可靠的依据。本书以分布动态法为研究工具，以空间分布的形态特征及流动性特征为切入点，对制造业服务转型水平开展研究分析。分布动态法能够比较直观、准确地对特定时期内特定变量在不同区域内的分布特征以及不同时期内特定变量的发展变化情况进行分析，从而确定该变量的发展特征及未来变化趋势。相较于传统的趋同算法，分布动态法更加直观和全面，并且能够基于非参数完成相关的研究分析工作，能够明确目标对象的连续变动特征以及离散演变规律。分布动态法具有包括核密度估计和马尔可夫链两种方法。

1. 核密度估计

核密度估计属于一种典型的非参数估计方法。其实现过程并不依赖固定、严格的函数形式，基于随机变量完成样本的总体评估分析，摆脱了样本分布特征对研究的限制和制约，能够充分满足不同场合的研究需求，故表现出更加显著的应用优势。X_i（其中 i=1，2，3，…，n）表示第 i 个变量的变量值，则在 x 点的密度函数的估计量为（见公式3-4）：

$$f(x) = \frac{1}{hN}\sum_{i=1}^{N} K(\frac{x - X_i}{h}) \ (i = 1, 2, 3, \ldots, n) \quad (3\text{-}4)$$

其中 K（·）称为（-∞，+∞）区间内核函数，且 K（·）≥0，$\int K(x)dx = 1$。

2. 马尔可夫链法

马尔可夫链法对时间、状态等参数进行离散处理，在明确当前信息、状态的基础上，消除历史状态同未来状态之间的相关性。因此，该方法具体表现出时间离散与状态离散的双重特性，实现随机变量的离散化处理，从而获得一种离散变量所构成的状态序列，而随机离散变量所构成的集合就是"状态空间"。在此基础上，可计算确定 t 时刻向 t+1 时刻发展时状态 i 向状态 j 变化的可能性 P_{ij}，其可能性结果将构造为一个转移矩阵 $P = [P_{ij}]_{n \times n}$ 进行描述。

因此我们可以通过随机变量 t 时刻转移到 t+1 时刻的转移概率来预测未来的概率分布情况。假设有随机过程 x（t），从 t 时刻转态 i 转移到 t+1 状态 j 的概率是 P_{ij}，在 t 时刻状态处于 S_i 的概率是 $a_i(t)$，那么由公式3-5 所示得：

$$a_i(t+1) = \sum_{i=1}^{n} a_i(t)P_{ij}(i = 1, 2, 3, \ldots, n) \quad (3\text{-}5)$$

八　梯度推进的测算方法

（一）梯度系数的计算

张可云（2001）对"梯度"的定义，指的是区域经济中各个地区空间地理差距综合表达方式。这种区域梯度的概念有多重维度，具体包括要素禀赋、经济发展、产业发展、社会发展等,核心部分就是产业梯度。[①] 戴宏伟(2003)对产业梯度定义的解读,是根据不同地域生产要素禀赋差异、技术差距、产业分工不同等造成产业结构水平阶梯状差距而来的,[②] 从而构建了产业梯度函数的表达式为公式3-6。

$$Y = F(P, T, I) \qquad (3-6)$$

其中,Y 表示产业梯度,P 表示生产要素禀赋差异,T 表示技术差距,I 表示产业分工差异。对产业梯度计算主要方法包括:区位商分析法、产业梯度法等。前者是将专业化生产程度反映出来,指的就是产业集中度,后者强调产业技术水平高低。

1. 区位商的计算

$$R_{ij} = \frac{\frac{e_{ij}}{e_j}}{\frac{E_i}{E}} \qquad (3-7)$$

公式3-7中 R_{ij} 表示 j 区域 i 产业的区位商;e_{ij} 为 j 区域 i 产业的增加值;e_j 是 j 区域全部工业增加值;E_i 为全国范围内 i 产业的增加值,E 为国内生产总值。一般来讲 $R_{ij} > 1$ 时,说明 j 区域的 i 产业的专业化程度高于全国平均水平,具有一定的比较优势。

2. 产业梯度系数的计算

产业梯度系数(IGC)为区位商(LQ)和比较劳动生产率(CPOR)的乘积,如公式3-8所示。

$$IGC = LQ * CPOR \qquad (3-8)$$

其中 CPOR =地区该产业增加值占该行业全国增加值的比重/地区该产业从业人员占全国同行业总从业人员的比重。

(二)梯度推进路径的计算

1. 基于聚集指数的产业梯度计算法

刘晶、刘雯雯(2012)以区位商法、产业梯度系数法等,对加工贸易产业梯度系数进行计算后,以产业静态、动态区域聚集指数来完成对产

[①] 张可云:《区域大战与区域经济关系》,民主与建设出版社2001年版。

[②] 戴宏伟、田学斌、陈永国:《区域产业转移研究:以"大北京"经济圈为例》,中国市场出版社2003年版。

业聚集发展阶段的划分,[①] 所得结果有：产业形成阶段（静态指数<1.65且动态指数>1）、产业强化阶段（静态指数>1.65且动态指数>1）、退化阶段（静态指数>1.65且动态指数<1）、劣势阶段（静态指数<1.65且动态指数<1），之后进行了加工贸易产业梯度分析，明确了梯度推进的路径。

2. 基于因子分析的产业梯度计算法

用主因子分析法分析了产值比重指数（CZZS）、从业人员比重指数（RYZS）、产值贡献指数（GXZS）、工资水平指数（GZZS）、进出口贸易指数（MSSZ）、出口贸易指数（CKZS）、货运量指数（HYZS）通过回归分析将其划分为三个主成分，综合梯度因子（包含 CZZS 和 RYZS）、区位梯度因子（包括 GXZS 和 GZZS）和外围梯度因子（除 CZZS 和 GXZS 以外），这三个主成分分别从产业梯度的总水平、区位优势和外围影响力量几个特征对产业的梯度进行表述。

九 长江经济带制造业服务转型升级路径选择模型

基于国家经济新常态发展背景，并遵循产业和经济发展规律，根据长江经济带开放开发战略、供给侧改革要求、生产性服务业等政策，构建合适的模型，以对长江经济带制造业实现服务转型升级进行科学分析。

制造业服务转型根本目的就是通过制造业结构优化的方式，将制造业位于价值链的地位合理提升，有利于增加制造业附加值。对现代制造业服务转型升级来说，具体路径模型的确定需要综合的考量，因为各地区、各产业实际情况差异很大，并不能按照某种统一规律来确定路径模型，有可能是多种路径并存才能实现科学地服务转型。本书研究目的是通过完善多方位制造业服务转型升级路径的方式，确定最终模型，并以数据量化的角度，对各个地区制造业服务转型水平进行衡量。通过对区域产业服务转型现状的分析，判断其在长江经济带中的具体地位，在科学转型路径指导下，遵循国家发展战略和地区经济发展实际，为不同区域不同制造行业确定多方位转型升级路径，具体如图 3-15 所示。

[①] 刘晶、刘雯雯：《我国加工贸易产业梯度研究》，《宏观经济研究》2012 年第 9 期。

从图 3-15 中，可以看出本书确定的长江经济带制造业服务转型升级路径选择模型可分为：一是制造业发展状态及实际转型成果，通过对九省二市制造业总量、服务转型水平、产出规模、R&D 规模、主营业务收入等各个项目的分析，判断各省市地区制造业发展水平和服务转型现状；二是确定制造业服务转型路径选择原则，以梯度推进、绿色环保、资源节约、平等互惠、可操作性等为主；三是服务转型具体路径具体选择。

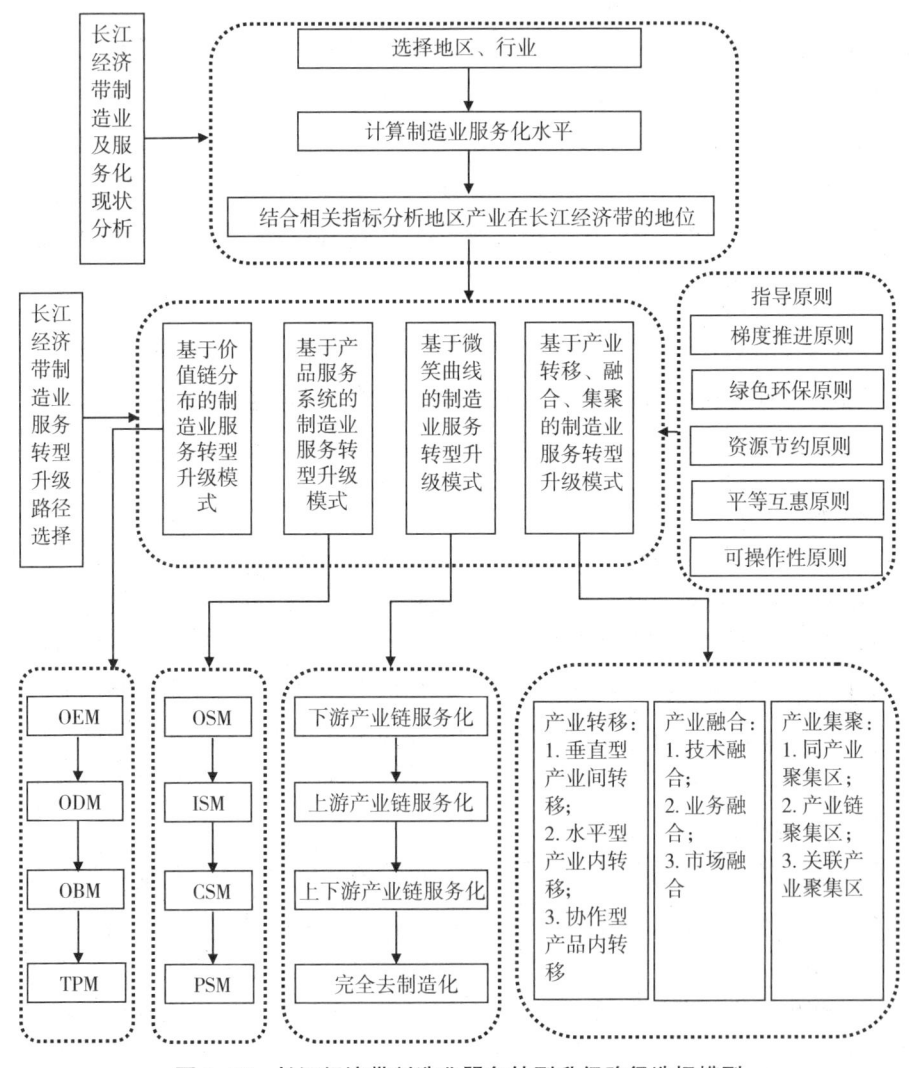

图 3-15　长江经济带制造业服务转型升级路径选择模型

(一）基于价值链理论的路径选择模型

本书对长江经济带各个省市制造业服务转型水平进行计算后，可通过确定区域位置、实力地位、产出规模等方式，对各个行业的价值链位置明确化，利用政策背景来完成制造业服务转型路径的确认。

制造业服务转型水平＝制造业服务转型产出/制造业规模。通过制造业服务转型发展水平的反映，将区域差异情况充分考虑，由此可见，下游城市制造业总量比较高，相比来说要比长江上中游更低，对制造业价值链位置进行分析时，根据实际服务转型水平、发展规模、R&D 投入、主营业务收入等，对区域制造业价值链阶段进行确定，随后判断合适路径组合关系。图 3-16 中是以价值链理论为基础的制造业服务转型升级路径选择结果的总结。

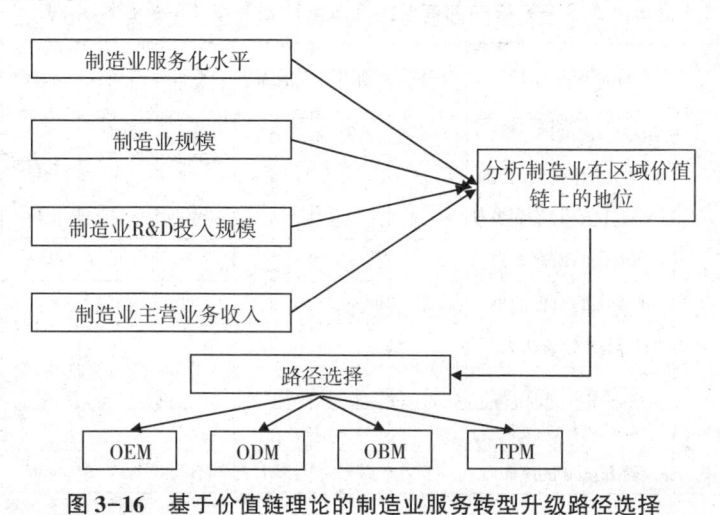

图 3-16 基于价值链理论的制造业服务转型升级路径选择

(二）基于产品服务系统理论的路径选择模型

由于制造业服务转型升级属于复杂、长期综合过程，主要制造业类型有：钢铁、化工、装备、船舶、服装、电子等。按照行业特征进行细分，主要将技术、信息化程度、竞争关系等进行差异特征的分类，能将服务活动延伸作为出发点，推动服务转型速度的提升。根据产品服务系统理论可知，现代制造业服务转型升级路径选择，是根据服务转型水平为基础，通过对各个行业服务增值途径实现的方法，选择最适合区域行业发展服务转型的具体路径。表3-5 中是以产品服务系统为基础的制造业服务转型增值实现途径描述。

综合来说，这种以产品服务系统制造业服务转型模式，产品服务系统 PPSS 是与服务外包模式 OSM 有对应关系的，价值链理论中与 OEM 模式对应；方案产品服务系统 SPSS 与集成服务模式 ISM 对应，并与价值链理论中的 ODM 模式对应；应用产品服务系统 APSS 与合作服务模式 CSM 对应，价值链理论与 OBM 模式对应；效用产品服务系统 UPSS 与服务提供商模式 PSM 对应，价值链理论中是与 TPM 模式对应的。随着各个制造业服务转型水平持续增强，OSM、ISM、CSM、PSM 等可以得到进一步的空间增长。本书主要研究各个省市制造业服务转型水平，针对不同行业实际情况可判定各自服务转型升级路径，如表3-5 所示。

表 3-5 基于产品服务系统的制造业实现服务转型的增值的途径和空间

制造业服务转型模式	增值服务途径	钢铁	化工	装备	汽车	船舶	服装	电子
OSM	多元化的融资租赁	2	2	3	3	4		1
	精准化的供应链管理	4	4	4	4	4	4	4
	便捷化的电子商务	4	4	4	4	3	4	4
ISM	一体化的成套安装			4				4
	集成化的专业服务	2	3	4	3	2	1	4
CSM	一体化服务解决方案			2				4
PSM	个性化产品设计	1		2	2	2	4	3
	实时化在线支持			4	3	3		3
	动态化个性体验				3			4

注：制造业提供服务的增值空间：1 表示低，2 表示平均水平，3 表示高，4 表示非常高。

（三）基于微笑曲线理论的路径选择模型

这种微笑曲线理论是以价值链、产业链为设立基础，根据理论出发可将制造业服务转型升级路径的选择，按照四种路径（上游产业链服务转型、下游产业链服务转型、上下游产业链服务转型、完全去制造化）来提升制造业价值链。不同路径与制造企业发展实际情况并不相同，适用对象也有很大差异，可选择升级路径特征对应产业基础，本书是以微笑曲线理论来为制造业提供服务转型升级路径，并将其特征、要求等总结为表 3-6。

表 3-6　基于微笑曲线理论制造业服务转型升级路径特点

制造业服务转型路径	制造业服务转型水平	产业要求	主要特征	适合对象
下游产业链服务转型	低	最低	1. 增加产业链下游环节的介入力度； 2. 基于产品服务系统的产品导向	没有或缺少服务转型经验，希望逐步开展服务转型的地区
上游产业链服务转型	低	较低	1. 增加产业链上游环节的介入力度； 2. 开展第三方研发设计服务或更高级服务转型技术支撑	没有或缺少服务转型经验，希望通过技术力量开展服务转型的地区
上下游产业链服务转型	较高	高	1. 同时增加产业链上下游环节的介入力度； 2. 投入服务转型和产出服务转型齐头并进	制造业服务转型活动开展得比较好的地区
完全去制造化	高	最高	1. 同时增加产业链上下游环节的介入力度； 2. 完全退出低附加值的制造领域	具备上下游产业链服务转型基础的地区

目前来说，下游产业链服务转型路径对产业要求层次是最低的，特别适合于部分转型水平低、转型经验少的产业，有利于实现服务转型空间的拓展；上游产业链服务转型路径适用于转型水平低、经验少，但希望能通过技术力量来实现服务转型的区域；上下游产业链服务转型路径适合于要求高的产业，特别是转型水平高、活动展开效果好的地区；完全去制造化路径对要求高、转型水平高的产业非常适用，特别是对已经具备上下游产业链服务转型环境的区域，有很好的转型水平提升作用。

(四) 基于产业转移、融合、集聚的路径选择模型

一般情况下的产业转移，基本是以产业集聚为表象，通过市场来引发产业转移，可以体现出更好的效率。国务院《关于中西部地区承接产业转移的指导意见》对产业转移提出新的原则，即"坚持市场导向，减少行政干预"[①]。国家产业转移政策推进对完善产业集聚地区结构有极佳助力。2010 年，经过国务院批准建成皖江城市带国家级承接产业转移示范

---

① 《国务院关于中西部地区承接产业转移的指导意见》，http：//www.gov.cn/gongbao/content/2010/content_ 1702211. htm。

区，随后广西桂东、重庆沿江、湖南湘南等示范区域相继建成，这说明产业转移对不同地区要求各不相同，产业要求差异导致转移条件与机制，如表3-7所示。

表3-7 产业转移的转移条件和转移机制

转移类型	转移条件	转移机制	转移形式	适合产业
垂直型产业间转移	不同地区之间产业间存在比较优势差异	比较优势驱动的边际产业转移	转出地的产业逐步退出以及转入地的产业工序的完全移入	纺织、服装、制鞋等产业
水平型产业内转移	转入地产业没有明显的比较优势	市场占领与产业关联导致的依赖性产业转移	转出地并不完全退出这一产业，向转入地进行全工序转移	钢铁、石油冶炼、化学原料及制品等产业
协作型产品内转移	转出地产业具备明显比较优势	产品内分工驱动下的生产协作型产业转移	转出地向转入地进行某一生产工序或环节的转移，通过区域生产协作实现产品生产	机械制造、交通运输设备制造等产业

（1）垂直型。对各地区间产业比较优势差异进行比较，可通过转出地产业逐渐退出、转入地产业工序完全移入方式，实现产业转移，纺织、服装、制鞋等产业适用性良好。

（2）水平型。这种转移形式对转入地产业比较优势并无明确要求，可利用转出地不完全退出产业的方式，实现转入地全工序转移形式的升级，钢铁、石油冶炼、化学原料及制品等产业适用性良好。

（3）协作型。这种转移形式对转出地产业比较优势要求较高，可通过转出地向转入地生产工序、环节等转移的形式，利用区域生产协作的方式，将产品生产形式实现完全转移，机械制造、交通运输、设备制造产业等都有很好的适用性。

产业融合可分为技术、业务、市场等多个类型。目前，计算机信息技术产业发展速度很快，随着互联网发展与创新，传统产业实现新的突破，这些新兴产业带来技术革新，使原有生产工序极大改变，原本业务发展模式也要顺应市场得到改善，对产品来说，可实现跨界跨市场传播的目标。产业融合核心特征是边界划分明显，并不能根据传统产业来延续划分方式。

以产业融合具体表现来说，主要就是与技术融合，可实现互联网战略普及效果的提升，对技术研发领域有更好的投入效果，这对传统产业来说，是利用互联网技术快速发展的重要发展契机。不同类型的新兴生产服务业能更好地实现行业发展，对现代社会人们的生活优化有很好的作用。对政府来说，要积极出台相关政策推动技术投放市场，成为产业融合重要推进者、保护者。新兴产业出现一定会对传统市场造成冲击，原本的市场技术、法规等因此会出现明显的变化。其实，要解决这种问题不仅需要由企业来积极落实技术项目，另外一个重要方面就是政府的导向功能，一定要为产业融合提供顺利进行的空间，对新兴产业市场环境建设起到良好的引导作用。通过积极建设产业融合政策及保障法律环境，推进产业融合。但是，现实情况下产业融合速度并不会很快，这主要是因为不同产业间本身差异较大，对技术的应用、规则的落实需要经过尝试性的整改才能最终确定，这一过程如果是单纯依靠市场自我调节，必然会需要较长时间。根据消费市场利益需求的变化规律可知，不同产业的生成是由于替代性、互补性产品出现，这对市场新产品需求有良好的融合作用，形成的组合模式就是"物品—服务包"结构。图 3-17 是制造业、服务业融合模式的描述。

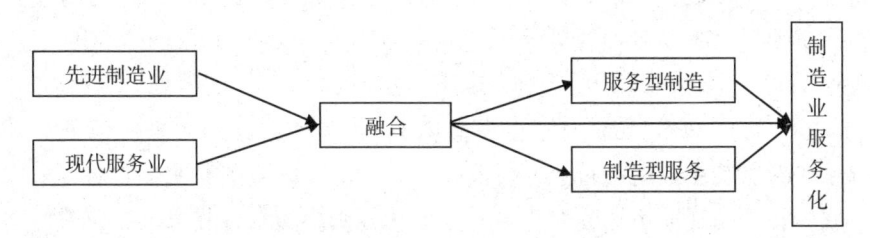

图 3-17 制造业与服务业融合模式

服务业与制造业间的产业融合带来的产业集聚模式，通过对区域产业特征描述和确定的方式，判断具体的模式结构，根据区域内不同类型产品、生产阶段，可以使企业在产业转移过程中实现局域集聚区的建立。以本区域产业集聚关系来说，基本是以某个大型企业为龙头，周边分散多重配套生产零部件小企业，这就是产业链聚集区形成的过程。另外，本区域内制造企业间产业链本身有上下游关系，对两个及以上企业同类型产品实现区域制造业关系互补，通过原材料、半成品、配套生产设备等系列结构，由此形成关联产业集聚区。目前，以湖北武汉、十堰等地区的东风、神龙汽车公司作为主要企业，通过对汽车零部件生产关联系列的建设，实现产业集聚区的成立。由于不同区域是以各自特征来建立产业集聚模式，以国家地方政策方针为导向，选择最直接可行的方式实现目标。

十　SCP 范式理论

（一）SCP 范式理论的理论本源与演进发展

SCP 范式理论是产业研究的经典范式，也是组织应用研究的分析框架。SCP 范式理论搭建了一个以结构、行为和绩效三者层层递进的因果关系分析框架，并能将此框架实际应用至具体产业研究中。SCP 范式理论自诞生之日起就随着行业结构、市场环境和企业的实际经营与发展情况进行着改变、修正与演进，SCP 范式理论在实际研究中的应用丰富了产业组织理论研究，也为实证研究提供了更科学的理论框架。

以梅森（E. S. Masson）和贝恩（J. S. Bain）为主要代表的哈佛学派与 20 世纪 30—50 年代研究并建立了 SCP 范式理论。贝恩（J. S. Bain）的市场结构—市场绩效范式是 SCP 范式理论的最初模型，在贝恩的两段式范式提出后，各学者通过的不断完善与研究，发展成了如今的 SCP 范式理论，而 SCP 范式理论的具体结构则为 Structure（行业结构）—Conduct（企业行为）—Performance（经营绩效），其具体含义则为来自市场的外部冲击会影响企业所在行业，行业结构的变动与调整则促使企业通过采取一系列行动来适应市场的变化，而企业绩效则会随着企业采取的经营行动而变化。

而根据哈佛学派的产业组织理论，结合实际案例分析和数据实证研究，可将各产业按所处行业进行分类，根据行业结构、企业行为和经营绩效三个方面来构造一个既有系统逻辑架构又能具体深入各个经营环节的市场结构—市场行为—市场绩效的分析框架。

SCP 范式理论的基本框架是由行业结构来推测企业行为，而又在对企业经营绩效进行实际测量的基础上结合行业结构与企业行为来寻找行业结构、企业行为和经营绩效方面的单方向因果关系。也即行业结构影响企业行为，而企业行为又决定着经营绩效。根据 SCP 范式理论的研究结果，其基本结论是经营绩效由企业行为所决定，而企业行为又与行业结构有很强的联系，尤其是行业中的集中度和市场进入壁垒。其中 SCP 模型分析如图 3-18 所示。

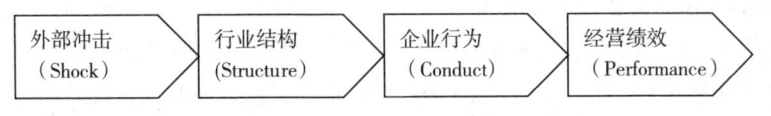

外部冲击（Shock）→ 行业结构（Structure）→ 企业行为（Conduct）→ 经营绩效（Performance）

图 3-18　SCP 模型分析

SCP 三个字母分别代表的意义为 Structure（行业结构）、Conduct（企业行为）和 Performance（经营绩效）。其中行业结构含义为外部环境的变化会对行业结构产生影响，其影响可能为行业内竞争程度的加强或降低，产品需求的增加或减少和细分市场的变化等；企业行为是指引行业结构的改变，行业内企业针对行业结构的变化而可能出台的对应策略，如企业在实际经营中的招聘或裁员，公司股份的变化或管理人员的更替等；经营绩效则是指在企业具体行为的实施下，企业在实际经营中其产品市场份额占比、经营成本和营业收入等方面的变化。

自 20 世纪 60 年代起，Geroge J. Stigler（1966）等芝加哥大学学者对 SCP 范式理论从不同角度提出了相关意见，并在不断地发展与演化中获得了认可，也即后来所称的"芝加哥学派"[①]。芝加哥学派对以往 SCP 范式理论的不同见解之处在于认为其结构太过简单，从经济与企业发展的实际情况来说，行业结构、企业行为和经营绩效并非单向的因果关系，而因是双向的、互相影响的因果关系。在 SCP 范式理论的关系链中，经营绩效的重要性远高于企业行为和行业结构，为三者中最大，经营绩效被企业行为和行业结构所影响，而经营绩效又反过来对企业行为和行业结构产生影响，因此，对企业经营和行业发展起决定性作用的还是经营绩效。此外，芝加哥学派还认为以往的垄断理论将垄断程度与企业规模大小直接画等号的行为是不理智的，行业中因短期高利润业务的出现而促使企业规模增大、行业集中度升高的现象有可能是企业经营效率提高的结果，而不能直接将此情况归纳为垄断现象。

我国相关产业研究组织也自 20 世纪 90 年代起以西方 SCP 范式理论对我国产业组织相关问题进行了研究与分析，并得到了一系列研究成果：（1）以 SCP 范式理论分析我国各产业行业结构与经营绩效间关系，并在

[①] George J. Stigler, "the Organization of Industry", Shanghai People's Publishing House, Vol. 1, 2006.

得出结论的基础上为政府相关政策和文件的起草做参照；（2）在吸收发达国家各行业发展经验的基础上，结合我国国情，从垄断和行业规则方面研究了各产业政策实施条件与结果；（3）从博弈论角度出发，在建立相关经济学模型的基础上来研究与探讨我国各产业内企业的扩张、缩小、市场进入和退出等企业行为。

（二）SCP 范式理论研究现状

因 SCP 范式理论本身所具有的严谨理论方法、科学研究架构和可操作性强的分析框架，自其被提出后就一直被世界各行业以及行业内企业用来指导行业发展及企业实际经营。虽然我国对 SCP 范式理论的研究与实际应用起步较晚，但自 20 世纪被引入并运用到企业实际经营中后，目前已渗透至各行业及各行业企业中，且我国学者在运用 SCP 范式理论的基础上对我国不同行业进行了研究。

张春霞、罗守贵（2006）以 SCP 范式为研究工具，以我国部分制造业产业为研究对象，强调了我国产业发展政策必须基于自身实际情况，选择差异性的政策措施促进不同制造业的科学转型。[①] 徐枫、李云龙（2012）则以我国光伏产业为研究对象，借助 SCP 范式对其市场结构、行为及绩效等问题进行研究分析，对其现存问题和困境进行分析论述，并具体以法律、财税、金融与技术等为出发点探讨分析科学有效的政策措施以加快我国光伏产业的科学发展速度。[②] 艾岚、阎秀萍（2014）则以传媒业为研究对象，借助 SCP 范式开展实证研究工作，肯定了我国传媒业的市场竞争存在集中度较低的问题，加之我国传媒业采取分类运营的管理模式，公益性事业与经营性产业并存的现状导致了比较显著的条块分割问题，并且行业整体表现出较高的制度性壁垒，限制了社会力量的参与能力。[③] 因此，必须对传统传媒业进行科学整合，提高市场集中度，优化产业结构，实现产业的规模化发展从而提升传媒业的整体竞争力。胡元林、孙旭丹（2015）具体研究分析了环境规制在企业经营发展中的影响作用，

[①] 张春霞、罗守贵：《我国制造业 SCP 范式实证研究》，《生产力研究》2006 年第 11 期。

[②] 徐枫、李云龙：《基于 SCP 范式的我国光伏产业困境分析及政策建议》，《宏观经济研究》2012 年第 6 期。

[③] 艾岚、阎秀萍：《基于 SCP 范式的中国传媒产业组织分析》，《河北经贸大学学报》2014 年第 35 期。

具体以绩效为基准,通过 SCP 范式工具构建研究模型,具体以企业绩效为因变量,以环境规制、市场结构、企业行为等为自变量,对其中的内在关联进行探讨分析。①

---

① 胡元林、孙旭丹:《环境规制对企业绩效影响的实证研究——基于 SCP 分析框架》,《科技进步与对策》2015 年第 32 期。

第四章

长江经济带制造业服务转型水平测算

一 长江经济带制造业发展现状

通过查询《中国统计年鉴》《中国工业经济年鉴》及中经网等统计资料，可以获得中国规模以上工业企业总资产、销售总产值以及工业增加值的数据。本书以这3个指标的数据作为制造业规模的衡量指标。

（一）长江经济带制造业总资产

长江经济带工业企业总资产数据具体如表4-1所示。从表4-1可以发现：长江经济带2005年规模以上工业企业总资产为101123.48亿元，占到当年全国规模以上工业总资产的41.31%；2016年，长江经济带规模以上工业企业总资产为438202.53亿元，占到当年全国规模以上工业总资产的40.36%，充分表明了长江经济带在我国经济发展中具有举足轻重的地位。并且，长江经济带规模以上工业企业总资产从2005年到2016年的平均增长率为14.26%，显示出长江经济带制造企业发展形势良好。根据长江经济带各个省（市）2005—2016年规模以上工业企业总资产的平均值，可以对其进行排名，具体如图4-1所示。从图4-1可以看出，江苏、浙江和上海的工业企业总资产列长江经济带的前三位，而江西、重庆和贵州则处于倒数三位。

表4-1　　全国及长江经济带2005—2016年工业企业总资产　　（单位：亿元）

地区 年份	全国	上海	江苏	浙江	安徽	江西	湖北	湖南	重庆	四川	贵州	云南	长江经济带合计
2005	244784.25	15905.94	25488.86	20609.3	5067.1	3058.34	8683.39	4611.6	3091.96	7908.62	2734.05	3964.32	101123.48
2006	291214.51	17926.1	30500.98	24895.59	6234.68	3671.41	9694.56	5582.18	3603.06	9182.08	3214.39	4808.98	119314.01

续表

地区年份	全国	上海	江苏	浙江	安徽	江西	湖北	湖南	重庆	四川	贵州	云南	长江经济带合计
2007	353037.37	20656.75	38011.22	30581.98	7873.16	4688.79	12107.24	6832.01	4412.77	11690.21	3521.19	5834.12	146209.44
2008	431305.55	22750.35	48321.94	35550.76	10122.18	6420.95	15431.43	8856.19	5551.03	15589.47	4566.1	7185.11	180345.51
2009	493692.86	24595.29	53600.08	39752.79	12171.72	7018.93	19221.02	10175.11	6438.31	18042.57	5066.17	8174.12	204256.1
2010	592881.89	27555.88	66134.06	47282.79	15930.28	8637.45	20894.32	13038.95	8099.01	22564.76	5960.13	9611.09	245708.72
2011	675796.86	29454.3	76258.16	50663.58	19148.71	10211.32	23145.87	15473.38	9321.1	26113.61	6990.58	11053.93	277834.54
2012	768421.2	31160.89	84550.41	55654.17	22797.65	11967.66	26877.66	17784.25	11113.36	30362.89	8302.29	13076.97	313648.20
2013	870751.07	33538.26	92081.69	59633.11	25168.07	13640.2	30131.82	19031.64	13135.92	34729.16	9703.64	15344.41	346137.84
2014	956777.2	35512.24	101359.53	64078.22	28831.52	16061.44	32940.84	22025.57	15652.47	38359.92	11747.39	17458.16	383927.30
2015	1023398.12	37306.95	107061.73	66626.71	31359.95	19217.51	35399.12	23575.75	17846.08	40401.38	13540.06	18180.58	410515.82
2016	1085865.94	39838.24	114536.32	69468.91	33563.37	21811.92	37942.33	25518.07	20214.63	41514.58	14319.98	19474.18	438202.53
平均值	648993.90	28016.77	69817.08	47066.49	18189.03	10533.82	22705.80	14375.39	9873.31	24704.94	7472.16	11180.50	263935.29

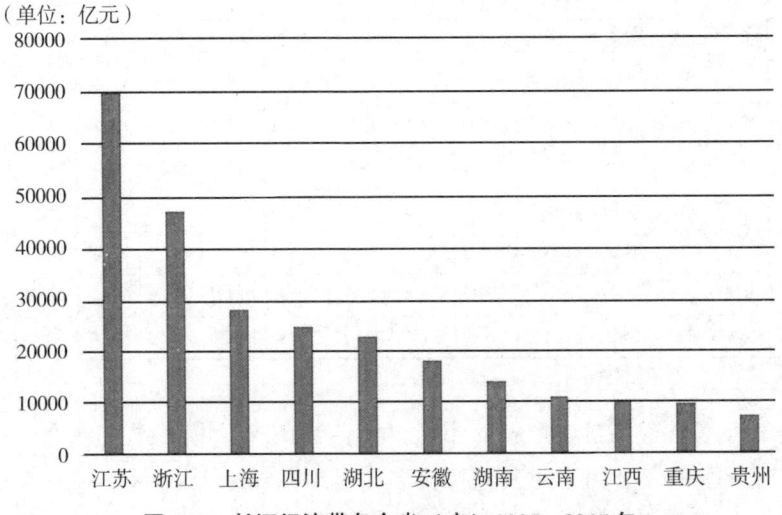

（单位：亿元）

图4-1 长江经济带各个省（市）2005—2016年工业企业总资产平均值

（二）长江经济带制造业销售总产值

表4-2显示了长江经济带2005—2016年工业企业销售总产值。长江经济带在2005年规模以上工业企业销售总产值为101197.71亿元，占到

当年全国规模以上工业销售总产值的40.98%;在2016年,长江经济带规模以上工业企业销售总产值为502610.25亿元,占到当年全国规模以上工业销售总产值的43.63%%。并且,长江经济带规模以上工业企业销售总产值从2005年到2016年的平均增长率为15.69%,从长江经济带规模以上工业企业总资产的增速,可以看出长江经济带规模以上工业企业销售总产值的增速更快,充分说明出长江经济带规模以上工业企业的发展状况非常好。

表4-2　　　全国及长江经济带2005—2016年工业销售总产值　　（单位：亿元）

地区 年份	全国	上海	江苏	浙江	安徽	江西	湖北	湖南	重庆	四川	贵州	云南	长江经济带合计
2005	246946.37	15591.72	32119.62	22600.91	4486.83	2933.46	5937.38	4721.59	2495.3	6098.97	1634.46	2577.47	101197.71
2006	310828.58	18392.60	40802.21	28489.90	5811.99	4180.26	7301.67	6103.30	3163.20	7777.57	2004.32	3338.22	127365.24
2007	397626.73	21949.97	52415.83	35209.54	7763.58	6105.97	9403.07	8383.83	4235.63	10821.18	2436.79	4225.66	162951.05
2008	494733.65	24800.47	66537.70	39717.51	10875.85	8376.92	13146.93	11402.12	5637.71	14421.90	2969.30	4896.85	202783.26
2009	536134.06	23847.88	71970.22	39969.91	12929.06	9667.31	15164.52	13318.89	6657.73	17700.55	3248.35	4982.23	161786.19
2010	684735.20	29838.11	90804.96	50196.32	18277.48	13741.58	21118.44	18731.35	8970.37	22634.86	4014.54	6247.87	284575.88
2011	827796.99	32084.82	106320.56	55155.05	25261.69	17754.18	27325.70	26022.13	11534.52	29779.58	5248.66	7527.74	344014.63
2012	909797.17	31559.60	118705.46	57615.75	28584.11	20757.09	32473.97	28185.44	12812.47	30227.87	6170.82	8783.33	375875.91
2013	1019405.30	31945.81	132721.45	61280.59	32913.47	24603.16	38107.78	32157.78	15475.67	34544.52	7650.47	9831.22	421231.92
2014	1092197.99	32457.78	141193.63	64914.41	36505.46	28727.02	42012.20	34393.66	18438.72	37400.29	9052.59	10022.04	455117.8
2015	1104026.70	31214.32	147391.94	64279.38	38798.25	30618.43	44113.44	36231.56	20944.81	39213.22	9821.08	9667.86	472294.29
2016	1151950.07	31056.80	155820.09	66628.47	42329.72	32928.80	47295.43	39319.29	23497.42	42103.39	11550.45	10080.39	502610.25
平均值	731348.23	27061.66	96400.31	49644.35	22044.79	16699.52	25283.38	21580.91	11155.30	25002.12	5483.49	6848.41	300983.68

根据长江经济带各个省（市）2005—2016年规模以上工业企业销售总产值的平均值,可以对其进行排名,具体如图4-2所示。从图4-2可以看出,长江经济带规模以上工业企业销售总产值的排名基本和总资产的排名相一致,其中江苏、浙江和上海的工业企业销售总产值列长江经济带的前三位,而重庆、云南和贵州则处于倒数三位。

（三）长江经济带制造业增加值

表4-3显示了长江经济带2005—2016年工业增加值,从表4-3中数据可以看出：长江经济带2005年工业增加值为33745.17亿元,占到当年

(单位：亿元)

图 4-2 长江经济带各个省（市）2005—2016 年工业企业销售总产值平均值

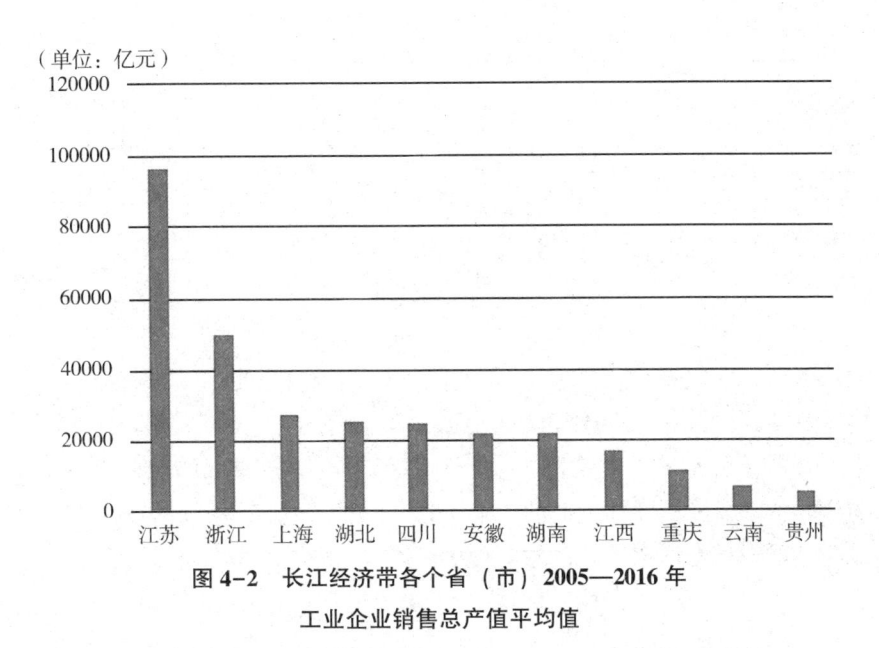

全国工业增加值的 43.29%；2016 年，长江经济带工业增加值为 122453.00 亿元，占到当年全国工业销售总产值的 49.90%。长江经济带工业增加值在全国的比重持续增加，且在 2016 年几乎占据了一半，这充分说明了长江经济带制造业在我国制造业中的地位。并且，长江经济带工业增加值从 2005 年到 2016 年的平均增长率为 12.43%，显示出长江经济带制造业快速发展的趋势。

表 4-3 全国及长江经济带 2005—2016 年工业增加值 (单位：亿元)

地区 年份	全国	上海	江苏	浙江	安徽	江西	湖北	湖南	重庆	四川	贵州	云南	长江经济带合计
2005	77958.30	4104.65	9572.97	6344.71	1837.36	1468.68	2504.21	2189.91	1307.42	2527.08	707.35	1180.83	33745.17
2006	92235.80	4659.17	11273.86	7585.47	2240.37	1923.00	2962.06	2694.11	1583.33	3144.72	839.13	1408.76	40313.98
2007	111690.80	5254.57	13330.66	9090.74	2810.00	2435.45	3624.93	3375.87	1838.30	3913.92	978.86	1711.78	48365.08
2008	131724.00	5695.23	15589.58	10328.72	3505.67	2936.92	4446.31	4280.16	2162.57	4922.84	1195.30	2056.95	57120.25
2009	138092.60	5546.27	16834.62	10440.77	4064.72	3232.49	5257.19	4819.40	2441.83	5678.24	1252.67	2088.17	61656.37
2010	165123.10	6689.90	19722.49	12477.11	5407.40	4327.30	6815.87	6305.11	2912.60	7431.45	1516.87	2604.07	76210.17
2011	195139.10	7403.07	22864.46	14370.50	7062.09	5462.31	8657.18	8122.75	3666.10	9491.05	1846.96	2994.30	91941.14
2012	208901.40	7301.05	24605.23	14902.22	8025.84	5889.24	9892.11	9138.50	4249.83	10550.53	2237.13	3450.72	100242.40
2013	222333.20	7368.20	26303.42	15837.20	8880.45	6523.26	10330.07	10001.00	4719.46	11578.55	2707.29	3767.58	108016.48

续表

地区 年份	全国	上海	江苏	浙江	安徽	江西	湖北	湖南	重庆	四川	贵州	云南	长江经济带合计
2014	233197.40	7619.88	27847.72	16771.90	9455.48	6930.73	11215.73	10749.88	5283.50	11851.99	3165.32	3898.97	114791.10
2015	234968.90	7431.36	28980.20	17217.47	9264.82	7013.22	11783.54	10945.81	5683.15	11039.08	3342.99	3848.26	116549.90
2016	245406.40	7555.34	30455.15	18655.12	9845.18	7219.11	12536.39	11337.28	6183.80	11058.79	3715.64	3891.20	122453.00
平均值	171397.58	6385.72	20615.03	12835.16	6033.27	4613.48	7502.17	6996.65	3502.66	7765.69	1958.79	2741.80	80950.42

根据长江经济带各个省（市）2005—2016年工业增加值的平均值，可以对其进行排名，具体如图4-3所示。从图4-3可以看出，长江经济带各个省（市）的工业销售总产值排名与中国经济发展的空间布局是相吻合的。江苏、浙江和上海的工业销售总产值列长江经济带的前三位，而江西、重庆和贵州则处于倒数三位。

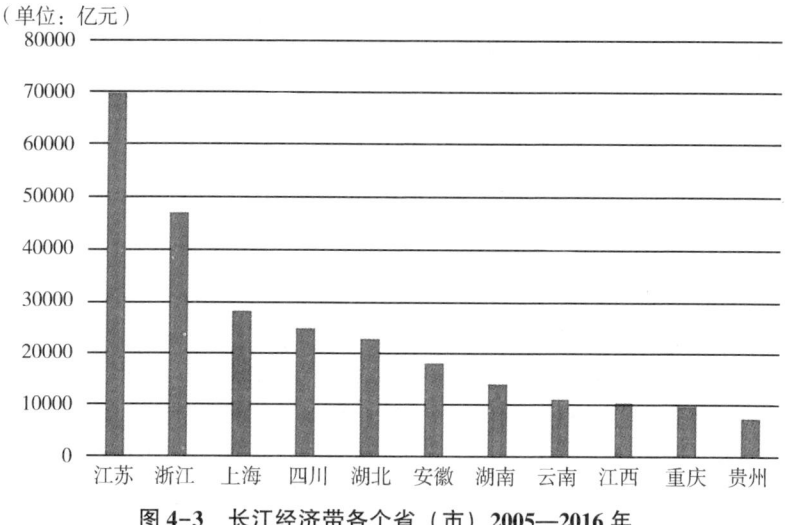

图4-3 长江经济带各个省（市）2005—2016年工业增加值平均值

综上所述，长江经济带工业企业总产值、销售总产值和工业增加值2006—2016年增长迅速，并且在全国的比重均在40%以上。从各个省（市）来看，江苏、浙江和上海工业企业总产值、销售总产值和工业增加值居长江经济带的前三位，体现出长三角地区的经济发展实力。

二 基于宏观数据的长江经济带制造业服务转型水平测算

(一) 基于投入产出法的测算

选用《中国地区投入产出表》2002 年、2007 年、2012 年等三个年度的统计资料,并通过投入产出法对投入产出数据进行计算分析,所用公式如下:

$$制造业\ i\ 的服务化水平 = \frac{\sum_{j=27}^{42} 服务业\ j\ 在制造业\ i\ 中的投入}{制造业\ i\ 的总产出} (i = 6, 7, \ldots, 20)$$

(4-1)

从我国目前的区域划分结果来看,长江经济带具体由九省二市共 11 个地区构成,具体包括江苏、浙江、湖南、湖北、四川、贵州、江西、云南、安徽九省与上海、重庆两个直辖市。在具体研究中,需要以上述省市的统计数据为基础,在数据处理和整合的基础上得到所需的研究依据,并将结果以投入产出表的形式进行体现。在该投入产出表中,长江经济带的制造业共分为 17 个类别,而"其他制造业""废品废料"这 2 个类别在制造业中所占比重相对较低,对产业的整体发展也不存在显著的影响作用,故可忽略以降低研究难度。具体将剩余的 15 个类别细分为轻工业、资源加工业、机械电子制造业的 3 个主要类别进行研究分析。在相应的分类结果表达中,轻工业具体包含代码 6—10 的各类具体工业;而资源加工业的构成产业则从代码 11—15;机械电子制造业则包含 16—20 的代码的具体产业。在对原始数据进行整合和分析的基础上,可对三种类型制造业各自的服务转型水平进行计算分析。该结果表明,对于长江经济带而言,其中所包含的省市制造业在服务转型水平方面与先进水平之间存在一定的差距,大多在 10%—16%,均未超过 24%。

由图 4-4 所示的结果可知,长江经济带制造业的服务转型水平在不同时期呈现出显著差异。本书具体以 2002 年、2007 年与 2012 年的有关数据为基准开展了计算分析,结果表明:轻工业的服务转型水平在 2002 年与 2007 年之间并不存在显著差异,其中仅湖南、湖北、安徽等省表现

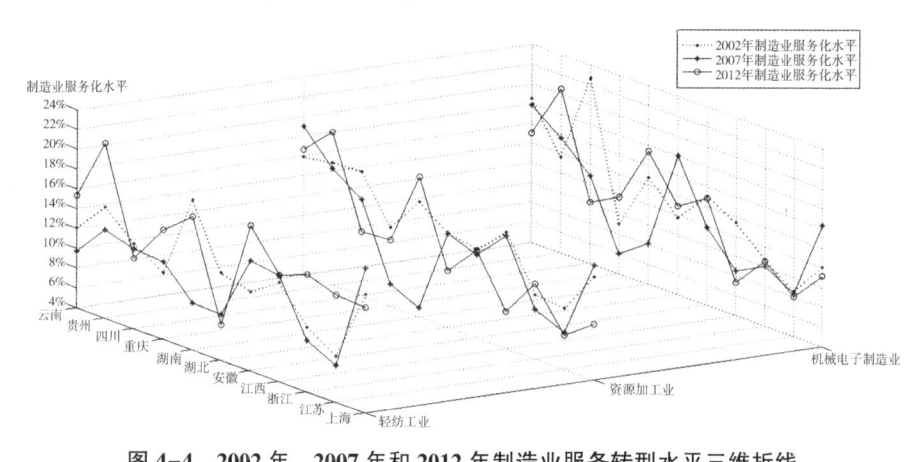

图 4-4　2002 年、2007 年和 2012 年制造业服务转型水平三维折线

出显著差异。同时，中游地区的制造业服务转型水平高于上游地区，而下游地区的江苏、浙江两省则表现出相对较低的服务转型水平，仅上海保持着显著的服务转型能力。2012 年的数据则表明了制造业服务转型水平呈现出显著的变化特征。上游地区的平均水平保持在 15% 左右，仅贵州实现了 21.63% 的高水平；中游地区的服务转型水平大都超过了 17%，仅湖北表现为 7.57%；下游地区的服务转型水平均超过了 15%。由上述数据结果可知，在研究所选择的三个年份中，江西、安徽、重庆等省市的轻工业服务转型水平表现出相对稳定的上升势头，湖北反而出现了迅速下降的问题，其他省份则呈现出波动变化的特征。具体到资源加工业，该区域的服务转型水平在所选择的研究时期呈现出以下变化特征：2002 年与 2007 年表现出比较接近的整体变化趋势，服务转型水平从低到高依次为下游地区、中游地区及上游地区。与 2002 年相比，2007 年的资源加工业服务转型水平呈现出下降和分散的变化特征，仅上海、云南两省市实现了一定的增长，其他省市的服务转型水平有所下降，下降幅度最大的省市为湖南、重庆，降幅分别为 5.76% 与 10.7%。而 2012 年的统计数据则表现出显著的变化。湖南、贵州、浙江、安徽、重庆等省市的服务转型水平有所增长，最高达到了 19.46%（贵州），而其他省市的服务转型速度则出现了不同程度的下降。而下游地区的机械电子制造业则表现出相对稳定的服务转型水平，中游、上游地区则出现了比较显著的变化：逐渐下降的省份包括江西、四川、云南；逐渐上升的省份为贵州；而先降后升的省市则为安徽、湖南、重庆；先升后降的省份为湖北。

对于长江经济带的不同省份而言，下游地区的江苏、浙江、上海等省市在制造业服务转型水平方面表现出相对稳定的发展水平。调研数据表明，上述下游省市的制造业服务转型水平波动水平均未超过3%，并且不同制造业的发展状况并未表现出显著差异。而中游地区的省份则便显出相对较大的波动水平，湖南、湖北的波动水平基本都超过了5%。下游地区省市的服务转型水平则呈现出分散化、无规律的变化特征。

（二）基于回归模型的测算

宏观层面测算制造业服务化水平的方法主要采用投入产出表的制造业服务产出份额或者以制造业对服务投入的依赖程度来表示制造业服务化水平，而投入产出表的编制是一项非常庞大而且复杂的工作，我国每逢2、逢7年份编制全国投入产出表，逢0、逢5年份编制投入产出延长表，而地区投入产出表的编制和发布更为困难，由于数据的滞后性和可获得性使得很难及时分析长江经济带制造业服务化水平。本书沿用国内外学者使用较多的投入产出法来测算制造业服务化程度。首先，利用已经发布的2002年、2007年和2012年这三年的地区投入产出表，计算出我国30个省份（除香港、澳门、台湾、西藏）这三年的制造业服务化水平，然后利用已经测算出的我国30个省份2002年、2007年和2012年的制造业服务化水平，研究影响我国制造业服务化水平的影响因子，构建出拟合我国制造业服务化水平的回归模型，最后利用该模型并依据每一年的制造业服务化水平的影响因子的数据测算出长江经济带九省二市的制造业服务化水平。

本书构造制造业服务化水平测算模型的指标体系大致可分为三个类别：一是外部环境因素，包括制造业竞争力（MCN）、服务的可获得性（SAI）；二是内部资源与能力，包括创新能力（RDI）、制造业成本费用利润率（MCP）；三是组织因素，包括工业部门所有制结构（POE）。本书研究制造业竞争力时，以工业代替制造业，用地区的工业增加值占地区生产总值的比重来表示该地区的制造业竞争力。李强（2013）用服务业从业人数占总从业人数的比值来分析中国制造业服务化的水平发展现状[1]，本书借用此方法，在研究服务的可获得性时用服务业从业总人数占制造业从业总人数的比值来表示，其中服务业的范畴与中国统计年鉴里面

---

[1] 李强：《环境规制与产业结构调整》，《经济评论》2013年第5期。

公布的服务业的分行业相同。国内外衡量创新能力的方法通常根据 R&D 投入、产出、专利数、大中专以上学历人数比例、科研机构数等作为衡量依据，考虑到数据的可获得性和本书相关指标之间的相关性，本书研究创新能力以 R&D 投入占 GDP 比重来表示。研究制造业成本费用利润率时本书直接采用统计年鉴中已经统计好的制造业成本费用利润率这一指标来表示。研究工业部门所有制结构时以国有制造企业数量占规模以上工业企业数量比重表示。本书从当前使用最为成熟的投入产出表法计算我国 30 个省份制造业服务化水平，通过计算制造业行业生产过程中服务性产出占总产出的比重来衡量制造业服务化水平，作为研究制造业服务化程度测算的研究方法。利用投入产出表中的产出表来计算制造业服务化水平（Manufacturing Servitization Level，MSL），如式（4-2）、式（4-3）。

$$MSL_{ti} = \frac{\sum S_{ti}^j}{\sum M_{ti}} \qquad (4-2)$$

$$MSL_t = \frac{\sum \sum S_{ti}^j}{\sum \sum M_{ti}} \qquad (4-3)$$

其中 t 为时间截面，i 表示制造业细分产业类别，j 表示所提供的服务产品，S_i^j 表示制造业细分产业 i 所提供的服务产品 j 的总产出，M_i 表示产业 i 的全部产出。式（4-2）表示制造业细分产业 i 的服务化水平，式（4-3）表示整体制造业服务化水平。测算根据投入产出表产业分类和国民经济行业分类（GB/T 4754—2011）标准，研究以食品制造及烟草加工业，纺织业，服装皮革羽绒及其制品业，木材加工及家具制造业，造纸印刷及文教用品制造业，石油加工、炼焦及核燃料加工业，化学工业，非金属矿物制品业，金属冶炼及压延加工业，金属制品业，通用、专用设备制造业，交通运输设备制造业，电气、机械及器材制造业，通信设备、计算机及其他电子设备制造业，仪器仪表及文化办公用机械制造业，其他制造业以及废品废料为制造业范畴。制造业中间服务产品产出行业主要包括交通运输及仓储业，邮政业，信息传输、计算机服务和软件业，批发和零售贸易业，金融保险业，房地产业，租赁和商务服务业，科学研究事业，综合技术服务业，其他社会服务业，教育事业、卫生、社会保障和社会福利业，文化、体育和娱乐业等。

根据本书建立的制造业服务化水平测算模型，利用中国 30 个省份 2002

年、2007 年和 2012 年三年的面板数据，建立固定效应回归模型如式 (4-4)：

$$MSL_{ti} = \beta_1 MCN_{ti} + \beta_2 SAI_{ti} + \beta_3 RDI_{ti} + \beta_4 MCP_{ti} + \beta_5 POE_{ti} + a_i + \varepsilon_{ti} \quad (4-4)$$

其中，MSL 表示制造业服务化程度，MCN 表示制造业竞争力，SAI 表示服务的可获得性，RDI 表示创新能力，MCP 表示制造业成本费用利润率，POE 表示工业部门所有制结构。t 表示年份，i 表示我国 30 个省市自治区，$\beta_n n \in [1-5]$ 表示系数，a_i 表示不随时间 t 而变化的非观测效应，ε_{ti} 表示误差项。式 (4-4) 中所涉及的数据主要来源于 2002 年、2007 年、2012 年中国 30 个省份的投入产出表以及 2002 年、2007—2016 年中国 30 个省份的统计年鉴、中国工业经济统计年鉴以及 CEIC 数据库等。本书研究选取指标数据系列构造如表 4-4 所示。

表 4-4　　　　　　　　　　数据系列构造

一级指标	二级指标	指标描述
外部环境因素	制造业竞争力（%）	本书以《中国统计年鉴》中各省市工业增加值占地区生产总值的比重来表示
	服务的可获得性（%）	本书以《中国统计年鉴》中公布的服务业从业总人数与制造业从业总人数的比值来表示
内部资源与能力	创新能力（%）	本书以《中国统计年鉴》中公布的研发支出占 GDP 的比重来表示
	制造业成本费用利润率（%）	本书以《中国统计年鉴》中的工业部门的工业成本费用利润率作为制造业成本费用利润率进行计算，以工业计算制造业
组织因素	所有制结构（%）	本书以《中国工业统计年鉴》中公布的国有企业数占国有及规模以上非国有工业企业单位数的比重来表示

本书利用 Eviews7.2 数据分析软件对式 (4-4) 进行混合 OLS 回归分析发现，制造业竞争力、服务的可获得性、创新能力、制造业成本费用利润率和工业部门的所有制结构这五个指标均在 1% 的显著性水平下显著，其中除制造业竞争力对制造业服务化程度会产生负向的显著影响外，其他四个指标均对制造业服务化程度产生正向的显著影响。此外，本书构建的式 (4-4) 的 R^2 值为 72.3087%，表示式 (4-4) 可以解释制造业服务化程度 72.3087% 的变异情况，式 (4-4) 的 P 值为 0.000，在 1% 的显著性水平下显著，表明本书构建的制造业服务化程度的测算模型是显著可信的。详细的回归结果如表 4-5 所示。

表 4-5　　　　　　　　　　　回归分析结果

变量	a	MCN	SAI	RDI	MCP	POE
系数	19.5597	-0.3718	0.0150	1.4691	0.2640	0.0957
P 值	0.0000	0.0000	0.0001	0.0004	0.0066	0.0002
标准误	3.9032	0.0656	0.0037	0.4014	0.0947	0.0242
T 值	5.0112	-5.6717	4.0075	3.6601	2.7874	3.9477
R^2	\multicolumn{6}{c}{72.31%}
样本量	\multicolumn{6}{c}{90}

在确定本书的制造业服务化程度水平的测算模型前，本书拟先对式 (4-4) 作异方差检验，检验模型异方差性的方法有 Breuch-Pagan test、完全 White test 和特殊 White test，本书采用第一种 Breuch-Pagan test 方法来进行式 (4-4) 的异方差性检验，检验步骤如下。

首先生成式 (4-4) 进行混合 OLS 回归后所得的残差序列，记为 u，然后用 u^2 对式 (4-4) 中等号右边的所有自变量做 OLS 回归，得该回归的 $R^2 = 0.068417$，据此可计算出其 F 值，$F(5, 84) = \dfrac{\dfrac{R^2}{k}}{\dfrac{(1-R^2)}{(n-k-1)}} = 1.2338$，其中 k 为式 (4-3) 的自变量个数，n 为观测值。继而用 Eviews7.2 软件计算出其对应的 p 值为 0.3006，在 10% 的显著性水平下不显著，故可以得出，本书的制造业服务化水平测算模型式 (4-4) 不存在异方差性。

由以上式 (4-4) 不存在异方差性的结论，本书通过对式 (4-4) 进行混合 OLS 回归分析得到如下回归方程，如式 (4-5)：

$$MSL = -0.369 \times MCN + 18.308 \times SAI + 0.979 \times RDI + 0.303 \times MCP + 0.1 \times POE$$

(4-5)

根据式 (4-5) 以及表 4-5 的结果，可以发现：

(1) 制造业竞争力，回归分析显示制造业竞争力与制造业服务化水平负相关，在 1% 的置信水平下显著。本书以工业增加值占地区生产总值的比重来表示制造业竞争力，我国制造业体制与发展程度均与国外存在显著差异，我国制造业处于国际价值链低端环节，制造业竞争力愈激烈的企业需要花费更多的时间与资金在提高制造业竞争力上，以保证其在竞争激烈的制造业中占得一席之地，因此没有更多的时间与资金投入在制造业服务转型方面，从而导致制造业竞争力与制造业服务化水平负相关。

（2）服务的可获得性，回归分析显示服务的可获得性与制造业服务化水平正相关，在1%的置信水平下显著。本书以大专以上学历人数占工业总从业人数比重表示，说明虽然服务业属于劳动密集型行业，但是高技能的从业人员能够提升制造业服务化水平。

（3）创新能力，回归分析显示创新能力与制造业服务化水平正相关，在1%的置信水平下显著。提高创新能力有助于提高制造业在国际价值链曲线上的位置，对于增加制造业附加值具有重要作用，对制造业服务化水平的提高具有正向影响。

（4）制造业成本费用利润率，回归分析显示制造业成本费用利润率与制造业服务化水平正相关，在1%的置信水平下显著。制造业成本费用利润率是利润总额与成本费用总额的比率，制造业成本费用利润率越高，制造业就有更多的资金投入在制造业服务转型方面，因此制造业成本费用利润率的提高对服务化水平具有正向影响。

（5）所有制结构，回归分析显示工业部门所有制结构与制造业服务化水平正相关，在1%的置信水平下显著。本书用国有企业数占国有及规模以上非国有工业企业数的比值来表示所有制结构，由于国有企业在国民经济的发展中具有强有力的控制作用，且其是国家战略性产业和高技术产业的核心主力，因此在国有企业数占比越多的制造业中，其服务化水平越高。

利用上述回归方程式（4-5）的结果，利用长江经济带九省二市2007—2015年的影响因子数据进行计算，可以得到长江经济带九省二市2006—2015年的制造业服务化水平如表4-6所示。

表4-6　长江经济带九省二市2006—2015年制造业服务化水平　　（单位:%）

年份 地区	2006	2007	2008	2009	2010	2011	2012	2013	2014	2015
上海	8.59	6.50	6.16	8.95	8.61	9.46	10.32	11.39	12.31	10.82
江苏	3.49	2.38	2.90	3.21	3.99	5.19	5.72	6.38	7.02	7.06
浙江	4.29	2.28	2.11	3.29	3.72	4.53	5.15	5.78	6.40	7.00
安徽	11.40	5.82	5.40	4.94	4.19	3.30	3.30	3.28	3.69	2.96
江西	8.72	11.92	3.41	3.80	2.86	2.80	3.25	3.42	3.73	3.23

续表

年份 地区	2006	2007	2008	2009	2010	2011	2012	2013	2014	2015
湖北	9.91	7.39	7.03	6.11	4.53	5.09	4.89	5.23	6.15	4.70
湖南	12.82	7.10	6.39	6.65	6.50	5.93	5.92	5.84	6.09	5.19
重庆	11.76	6.38	5.28	3.43	2.75	2.90	3.93	5.08	6.91	5.59
四川	11.38	6.67	5.50	5.29	4.25	3.60	4.07	3.84	4.74	5.53
贵州	2.53	4.71	8.21	9.79	9.83	6.72	6.02	8.89	8.18	7.40
云南	12.84	8.75	7.40	8.15	7.72	8.49	7.73	7.96	7.77	6.66

为了更直观地显示长江经济带九省二市2006—2015年制造业服务化水平的变化情况，本书将表4-6数据绘制成图4-5。

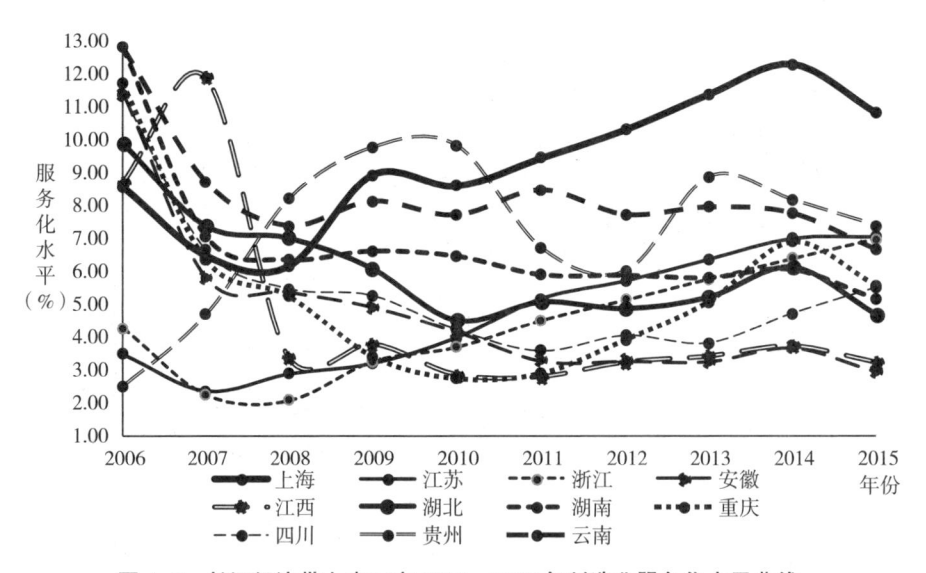

图4-5 长江经济带九省二市2006—2015年制造业服务化水平曲线

从图4-5可知，2006—2015年，长江经济带九省二市的制造业服务化水平在2%—13%，从整体走势上看，江苏省和浙江省制造业服务化水平总体上保持着上升的趋势，且这两个省市2006—2015年的制造业服务化水平的曲线图走势基本一致，这表明2006—2015年，江苏省和浙江省的制造业服务化水平一直都保持着等水平等速率的发展，而其他省市的制造业服务化水平在2006—2014年均存在一个或多个发展高峰，其中上海市的制造业服务化水平一直都处于较高的水平，2007—2014年逐年上升，在2014年达到最大；安徽省的制造业服务化水平在2006—2015年整体上呈现逐年下降的趋势，其 2006 年的制造业服务化水平最高，2006—2007 的下降幅度最大，2007—2015 年其制造业服务化水平基本保持在 3%—6%；江西省的制造业服务化水平在 2007 年出现了一个波峰，2007—2008 年大幅下降，2008—2015 年其制造业服务化水平稳定在 3%—4%；湖北省的制造业服务化水平在 2006—2010 年呈现逐年下降的趋势，在 2010 年其制造业服务化水平达到最低，2010—2014 年逐年上升，2014—2015 年又出现了小幅的下降趋势；湖南省的制造业服务化水平在 2006 年时最高，2006—2007 年大幅下降，2007—2015 年其制造业服务化水平基本稳定在 5%—7%；重庆市的制造业服务化水平在 2006 年时最高，2006—2010 年逐年下降，2010—2014 年逐年上升，2014—2015 年又出现了下降的趋势，此发展趋势和湖北省制造业服务化水平的发展趋势基本一致；四川省的制造业服务化水平在 2006—2011 年逐年下降，在 2011 年达到最低点后 2011—2015 年开始逐年上升，但是上升的速率较慢；贵州省的制造业服务化水平在 2006—2015 年波动较大，2006—2010 年大幅上升，2006—2012 年大幅上升，2012—2013 大幅上升，2013—2015 小幅下降，其制造业服务化水平在 2006—2015 年出现了两个发展高峰；云南省的制造业服务化水平在 2006 年时最高，在 2006—2008 年出现大幅下降后 2008—2015 其制造业服务化水平基本保持在 6.5%—8.5%。

三 基于微观数据的长江经济带制造业服务转型水平测算

选取长江经济带选在沪深两市 A 股上市的制造业上市公司的数据来测算服务转型水平。研究时间区间为 2012—2017 年。为使研究结果具备参考性，在获得样本数据后对样本进行了重新筛选，筛选规则为：

(1) 剔除数据缺失或不全的企业；

(2) 剔除 2012—2017 年破产或倒闭的企业；

(3) 剔除在 2012 年 12 月 31 日之后上市的企业；

(4) 剔除 ST、*ST、PT 企业；

(5) 对研究样本采取前后 5% 的 Winsorization 方法缩尾处理，以消除极端值的影响。

经筛选后得到满足条件的企业共570家。长江经济带各省市制造行业上市公司数量如表4-7所示。

表4-7　　长江经济带各省市各制造行业上市公司数量表

省份 类别	云南	贵州	四川	重庆	上游	湖北	湖南	江西	安徽	中游	江苏	上海	浙江	下游	总数
食品饮料制造业	1	1	5	2	9	1	6	2	4	13	3	5	4	12	34
纺织服装制造业	0	0	1	0	1	2	2	0	2	6	9	4	15	28	35
石油化工制造业	1	4	9	1	15	7	5	1	14	27	28	12	20	60	102
医药制造业	3	4	2	6	15	7	4	4	2	17	10	9	13	32	64
金属非金属制造业	7	1	6	0	14	3	2	6	6	17	19	2	16	37	68
机械仪表制造业	1	2	12	4	19	13	13	8	13	47	59	35	55	149	215
电子制造业	0	2	3	0	5	8	1	1	2	12	14	4	17	35	52
总数	13	14	38	13	78	41	33	22	43	139	142	71	140	353	570

与基于宏观数据的测算不同，基于微观数据的测算是从产出服务转型的角度来测算制造业上市公司的服务转型程度（Level of Service，LOS），即上市公司主营业务收入中服务业务总收入和主营业务收入的比值，计算公式如式（4-6）所示。

$$制造业服务转型程度 = \frac{主营业务中服务业务总收入}{主营业务收入} \times 100\%$$

(4-6)

因上市公司年报并无直接可计算服务转型程度的财务数据指标，需通过手工收集企业服务业务收入数据并计算得出，手工收集服务业务数据与计算企业服务转型程度的方法与步骤如下：

（1）参照国家统计局于2013年1月颁布的《三次产业划分》文件，在对制造业与服务业进行划分与归类的基础上对制造业企业经营业务中的制造业务和服务业务进行划分与归类，在查阅上市公司年报经营情况的基础上判断企业是否在实际经营中开展服务业务，并以此来对上市公司年报中的相关业务进行情况判定该业务归属于制造业务或服务业务。其中服务业的具体划分如表4-8所示；

（2）在对上市公司年报中经营业务情况进行制造业务和服务业务的划分与判定的基础上手工收集并汇总服务业务经营数据和主营业务收入数据；

（3）对服务业务经营数据和主营业务收入数据进行归纳与计算，得出企业的服务转型程度；

（4）当上市公司未获得服务业务收入时，其制造业服务转型程度为零。

表4-8　　　　　　　　　服务业各行业分类

服务业行业	涉及的各细分行业名称
农、林、牧、渔服务业	农、林、牧、渔服务业
开采辅助活动	开采辅助活动
金属制品、机械和设备修理业	金属制品、机械和设备修理业
批发和零售业	批发业、零售业
交通运输、仓储和邮政业	铁路运输业、道路运输业、水上运输业、航空运输业、管道运输业、装卸搬运和运输代理业、仓储业、邮政业
住宿和餐饮业	住宿业、餐饮业
信息传输、软件和信息技术服务业	电信、广播电视和卫星传输服务、互联网和相关服务、软件和信息技术服务业
金融业	货币金融服务、资本市场服务、保险业、其他金融业
房地产业	房地产业
租赁和商务服务业	租赁业、商务服务业
科学研究和技术服务业	研究和试验发展、专业技术服务业、科技推广和应用服务业
水利、环境和公共设施管理业	水利管理业、生态保护和环境治理业、公共设施管理业
居民服务、修理和其他服务业	居民服务业、机动车、电子产品和日用产品修理业、其他服务业
教育	教育
卫生和社会工作	卫生、社会工作
文化、体育和娱乐业	新闻和出版业、广播、电视、电影和影视录音制作业、文化艺术业、体育、娱乐业

（一）长江经济带上、中、下游及总体制造业服务转型程度测算

研究根据长江经济带上、中、下游的地理位置划分，在对长江经济带各上市公司年报数据收集、归纳、整理与计算的基础上得出了长江经

济带上、中、下游及总体制造业服务转型现状,具体测算数值如表 4-9 所示。

表 4-9　　长江经济带上、中、下游制造业服务转型程度测算

测算值		长江经济带上游					长江经济带中游				
	Year	Obs	Mean	Std. Dev.	Min	Max	Obs	Mean	Std. Dev.	Min	Max
LOS%	2012	75	9.79	16.70	0.00	65.46	139	6.36	15.00	0.00	91.08
	2013	75	11.23	18.95	0.00	65.52	139	6.35	14.77	0.00	79.73
	2014	75	13.82	22.17	0.00	74.41	139	6.45	14.44	0.00	95.18
	2015	75	13.46	22.06	0.00	84.56	139	7.42	16.53	0.00	90.72
	2016	75	13.65	23.83	0.00	85.99	139	9.03	18.45	0.00	92.60
	2017	75	13.36	22.80	0.00	87.53	139	9.26	17.95	0.00	88.01

测算值		长江经济带下游					长江经济带总体				
	Year	Obs	Mean	Std. Dev.	Min	Max	Obs	Mean	Std. Dev.	Min	Max
LOS%	2012	356	6.72	14.71	0.00	96.89	570	7.12	15.24	0.00	96.89
	2013	356	7.21	15.49	0.00	96.86	570	7.61	16.03	0.00	96.86
	2014	356	7.52	15.38	0.00	96.81	570	8.17	16.51	0.00	96.81
	2015	356	8.38	15.63	0.00	96.51	570	8.95	17.09	0.00	96.51
	2016	356	9.70	17.06	0.00	96.09	570	10.16	18.57	0.00	96.09
	2017	356	10.35	17.78	0.00	96.32	570	10.54	18.66	0.00	96.32

根据表 4-9 数据显示可绘制长江经济带各流域制造企业 2012—2017 年平均服务转型程度走势,如图 4-6 所示。

根据长江经济带上、中、下游与总体制造业服务转型现状测算数据可知,长江经济带制造业上市公司平均服务转型程度为 8.76%,而长江经济带上游制造业服务转型程度最大,且超过平均水准 43 个百分点。长江经济带下游平均制造业服务转型程度稍低于长江经济带总体平均值,而长江经济带中游平均制造业服务转型程度最弱,仅为 7.48%。根据图 4-6 可知,长江经济带上、中、下游根据服务转型程度由高至低排列则为上游最高,下游次之,中游最弱,且仅有长江经济带上游制造业服务转型程度高于长江经济带总体平均服务转型程度。

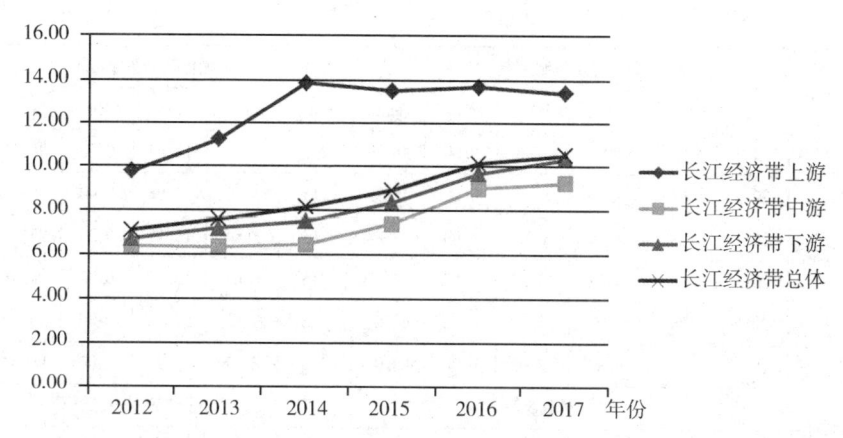

图 4-6　长江经济带各流域制造企业 2012—2017 年平均服务转型程度走势

（二）长江经济带制造业各行业服务转型程度测算

根据制造业不同行业的属性与划分，在对长江经济带各省市各制造业年报数据收集与整理的基础上，计算得出了长江经济带各制造行业与总体服务转型程度。具体测算数值如表 4-10 所示。

表 4-10　长江经济带制造业各行业服务转型程度测算

测算值		食品饮料制造业					纺织服装制造业			
	Year	Obs	Mean	Std. Dev.	Min	Max	Obs	Mean	Std. Dev.	Min	Max
LOS%	2012	34	2.47	5.65	0.00	24.53	35	16.09	29.29	0.00	91.56
	2013	34	1.74	3.59	0.00	19.21	35	16.80	28.71	0.00	91.96
	2014	34	3.70	7.68	0.00	38.43	35	14.82	25.87	0.00	89.46
	2015	34	5.85	17.78	0.00	41.37	35	14.21	25.48	0.00	90.55
	2016	34	5.44	17.66	0.00	43.56	35	14.90	25.11	0.00	91.73
	2017	34	5.05	11.27	0.00	48.09	35	14.23	23.41	0.00	91.66

测算值		石油化工制造业					医药制造业			
	Year	Obs	Mean	Std. Dev.	Min	Max	Obs	Mean	Std. Dev.	Min	Max
LOS%	2012	102	6.47	13.37	0.00	66.46	64	18.02	21.67	0.00	84.90
	2013	102	8.16	16.20	0.00	68.16	64	18.08	23.07	0.00	85.82
	2014	102	8.42	16.08	0.00	68.90	64	20.45	25.95	0.00	95.18
	2015	102	9.03	16.01	0.00	71.64	64	21.00	26.42	0.00	89.17
	2016	102	10.79	18.57	0.00	80.82	64	21.82	26.47	0.00	89.28
	2017	102	11.80	19.64	0.00	87.53	64	19.26	24.90	0.00	88.10

续表

测算值		金属非金属制造业					机械仪表制造业				
	Year	Obs	Mean	Std. Dev.	Min	Max	Obs	Mean	Std. Dev.	Min	Max
LOS%	2012	68	3.92	7.46	0.00	36.23	215	5.17	12.64	0.00	96.89
	2013	68	4.40	8.80	0.00	45.79	215	5.52	12.96	0.00	96.86
	2014	68	5.57	10.93	0.00	49.83	215	5.84	13.11	0.00	96.81
	2015	68	6.32	12.84	0.00	62.12	215	6.67	12.67	0.00	96.51
	2016	68	7.98	15.10	0.00	62.60	215	7.67	14.68	0.00	96.09
	2017	68	9.80	17.98	0.00	88.01	215	8.47	16.22	0.00	96.32

测算值		电子制造业					各行业总体				
	Year	Obs	Mean	Std. Dev.	Min	Max	Obs	Mean	Std. Dev.	Min	Max
LOS%	2012	52	4.24	7.91	0.00	39.27	570	7.12	15.24	0.00	96.89
	2013	52	4.16	7.79	0.00	44.65	570	7.61	16.03	0.00	96.86
	2014	52	4.09	7.34	0.00	32.16	570	8.17	16.51	0.00	96.81
	2015	52	5.34	10.37	0.00	49.41	570	8.95	17.09	0.00	96.51
	2016	52	7.69	15.19	0.00	67.33	570	10.16	18.57	0.00	96.09
	2017	52	7.96	15.06	0.00	60.02	570	10.54	18.66	0.00	96.32

根据表4-10数据显示可绘制长江经济带各制造行业2012—2017年平均服务转型程度走势，如图4-7所示。

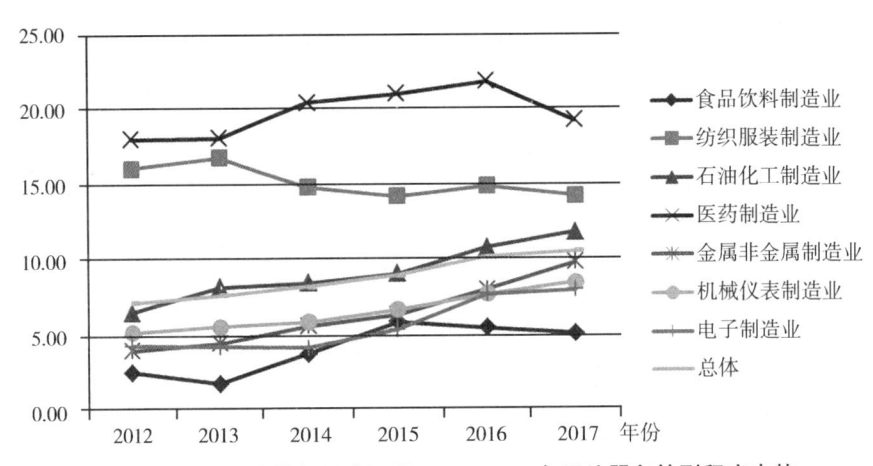

图 4-7 长江经济带各制造行业2012—2017年平均服务转型程度走势

长江经济带制造业总体平均服务转型程度为8.76%，平均制造业服务转型程度高于总体平均水准的行业有医药制造业、纺织服装制造业和石油化工制造业，其中医药制造业服务转型程度为所有制造行业中最高；剩余五类制造行业均低于总体平均服务转型水准，其中以食品饮料制造业平均服务转型程度最低，仅为 4.04%。将七大制造行业按照平均服务转型程度由大到小的顺序排列，则其顺序为医药制造业、纺织服装制造业、石油化工制造业、机械仪表制造业、金属非金属制造业、电子制造业和食品饮料制造业，且仅有医药制造业、纺织服装制造业和石油化工制造业平均服务转型程度高于长江经济带制造业总体平均服务转型程度，其余四类制造行业在 2012—2017 年平均服务转型程度均低于长江经济带制造业总体平均服务转型程度。

第五章

长江经济带制造业服务转型路径研究

一 基于价值链理论的制造业服务转型路径选择

本书将长江经济带制造业服务转型进行分析后,所得结论分为四个层面:(1)从水平上看,高水平的有贵州、云南、四川、安徽、上海;中水平的以江西、湖南、湖北、重庆等为主;低水平的集中在浙江、江苏两省;(2)从规模上看,大规模的是江苏、浙江、湖北;中等规模的有四川、安徽、湖南、上海、江西;重庆、贵州、云南相对来说是小规模区域;(3)从R&D投入规模看,较大的省份是浙江、江苏;中等规模的有上海、湖北、湖南、安徽、四川、重庆、江西;小规模的以云贵两省为主;(4)从制造业主营业务收入这方面来看规模最大的是江苏、浙江,中等规模的是湖北、上海、安徽、四川、湖南、江西、重庆;小规模的是云贵两省。

本书对上述情况综合统计后,认为长江经济带当前不同地区制造业发展,以区域价值链位置来看,云贵两省的特征是服务转型水平突出,但总量在长江经济带中占比非常低,可以说,并未在价值链上占据主动地位;上海市的综合位置最高,不仅服务转型水平居首,技术研发、品牌市场端发展水平也同样突出;江苏、浙江两个省份的优势是技术、品牌市场端处于高水平区间,可制造业总量很大,服务产出水平还有很好的发展前景;四川、安徽服务转型产出水平优越,价值链两端位置也相对重要;湖南、湖北、江西、重庆,制造业规模、服务转型水平都处于中等层次。由于制造业服务转型对产业附加值提升来说非常重要,水平高表示附加值高,本书研究出发点是价值链、微笑曲线,作用都是用于表达制造业服务转型水平高低。综合来说,长江经济带不同省市的制造业发展情况,通过价值链主体地位关系的描述,将图 5-1 中以价值链理论为基础的制造业服务转型升级路径进行确定后,所得结果是图 5-2 中的各项参数关系。

制造业服务转型路径,贵州省、云南省以 OEM 模式为主,主要扩大制造业规模,在产品研发和品牌市场两端同时提高,提高制造业竞争力;江苏省、浙江省以 OBM 模式为主,逐步开展 ODM 模式,并尝试 TPM 模式,市场创新和品牌建设力度有待加强;四川省、安徽省、湖南省、江西省、重庆市等地以 ODM 模式为主,并尝试开展 TPM 模式,产品创新和研发力度有待加强;上海市以在现有产业基础上初步发展 TPM 模式。

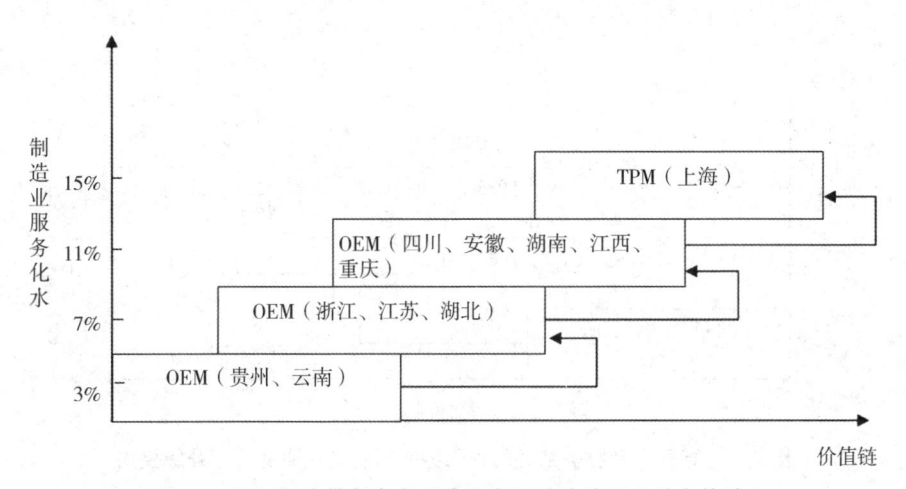

图 5-1 长江经济带各省市制造业在区域价值链上的主体地位

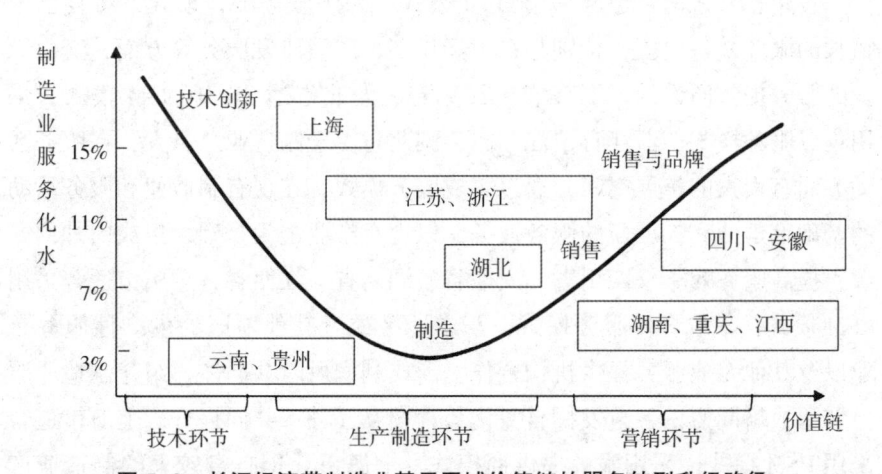

图 5-2 长江经济带制造业基于区域价值链的服务转型升级路径

二 基于产品服务系统理论的制造业服务转型升级路径选择

根据长江经济带制造业服务转型升级路径选择模型，基于产品服务系统理论的制造业服务转型升级路径选择模型，结合各省市在长江经济带价值链上的位置，对长江经济带制造业服务转型路径的选择如图 5-3 所示。

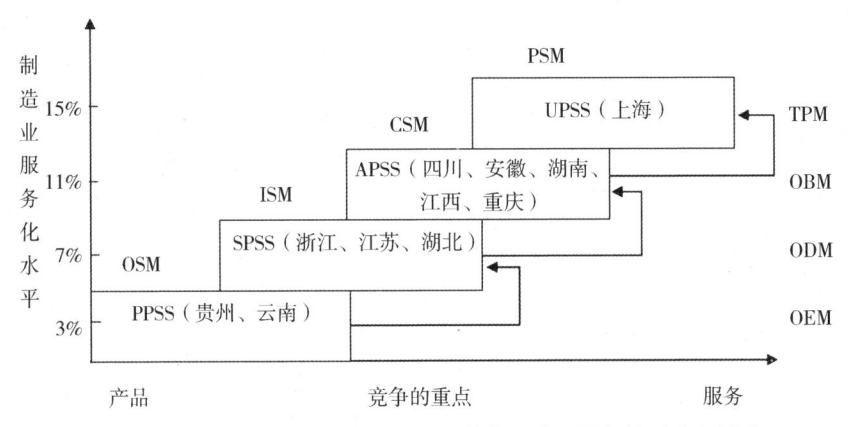

图 5-3 基于产品服务系统的长江经济带制造业服务转型升级模式

贵州省、云南省适合采用 OSM 模式，采用服务外包模式，将自己不擅长的服务外包出去，特别是在市场规划、产品研发服务等方面，交由专业的服务提供商设计。浙江省、江苏省、湖北省适合采用 ISM 模式，采用集成服务模式，浙江省、江苏省、湖北省由于制造业总量大，在服务活动方面有很大的扩展空间，通过集成服务模式，在现有制造业和服务活动的基础上延伸和扩展新的服务业务，以现有产业链为基础，集成内外部资源，提高服务效率。四川省、安徽省、湖南省、江西省、重庆市适合采用 CSM 模式，采取合作服务模式，与本地区或者其他地区的生产性服务企业以及其他专业服务提供机构合作，形成利润风险共同体，组建制造业服务转型战略同盟，各自发挥自身优势，相互互补，共同提升。上海市适合采用 PSM 模式，采用服务提供商模式，上海市凭借自身较大的制造业产业规模优势，在较高的制造业服务转型水平的基础上，开展服务活动创新，逐步将制造环节相关的工艺流程外包出去，专注于价值链前后两端等高附加值环节，逐步放弃低附加值的加工工序。

三 基于微笑曲线理论的制造业服务转型升级路径选择

根据前文研究的长江经济带制造业价值链曲线，本书结合长江经济带各省市制造业服务转型水平、服务产出规模、R&D 投入规模和主营业务收入规模，对情况比较类似的省市进行归类，长江经济带各省市微笑曲线示意如图 5-4 所示。

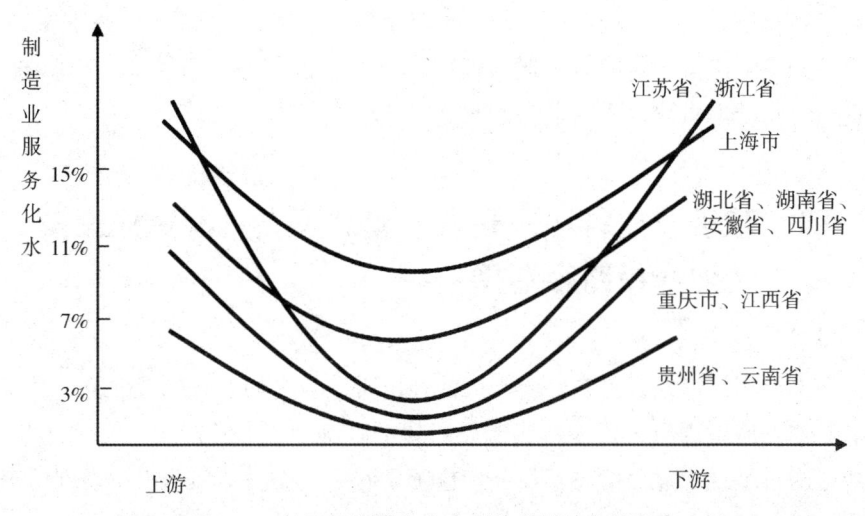

图 5-4 长江经济带各省市制造业微笑曲线示意

江苏省、浙江省制造业总量大，制造业服务转型水平较低，但是服务产出较高，在研发投入和市场销售方面均在长江经济带居前两位，产业链纵深较长，同时在制造环节也占有很大比重，微笑曲线附加值较高。上海市制造业总量基数较大，服务转型水平处于很高水平，并且在研发和市场方面均不弱于江浙两地，其纵深较低，微笑曲线附加值较高。湖北省、湖南省、安徽省、四川省在制造业总量和服务转型水平方面处于中等水平，并且在研发投入和市场表现方面也处于中等水平，其主要增值收益还是来源于制造环节，微笑曲线较为平缓。重庆市、江西省、贵州省、云南省在各方面均处于较低水平，重庆市和江西省相对而言比贵州省和云南省还是要高出许多，两者微笑曲线都较低且相对平缓。

基于制造业服务转型升级路径选择模型对制造业服务转型水平的要求、对产业的要求及相应特征，针对不同地区选取不同的转型升级路径。江苏省、浙江省建议采取上下游产业链服务转型模式，江浙地区虽然整体服务转型水平较低，但是服务产出规模大，且具备良好的产业基础。上海市建议采取完全去制造化模式，上海市具备优秀的服务转型条件，制造业服务转型水平较高，产业基础完备。湖北省、湖南省、安徽省、四川省根据不同情况选择路线，湖北省制造业规模较大，且在研发投入和市场表现方面均处于前列，建议采取上下游产业链服务转型模式；湖南省、安徽省、四川省三省在产品研发上优势相对较市场表现明显，建议采取上游产业一体化模式。而重庆市、江西省、贵州省、云南省四省市中，重庆市在产品研发上优势相对明显，建议采用上游产业链服务转型模式，江西省、贵州省、云南省建议采用下游产业链服务转型模式。

四 基于产业转移、融合、集聚理论的制造业服务转型升级路径选择

由上文研究结果可知，对于长江经济带所包含的九省二市而言，其制造业的发展呈现出显著的地区差异。其中，从制造业总产值来看，江苏、浙江两省呈现出显著优势；从地理位置来看，上游省市中四川省表现出较高的产业规模，而加工、组装等附加值相对较低的产业内容呈现出向产业基础相对较好的中上游地区转移的趋势，上海则成为长江经济带制造业产业研发和创新发展的核心，在区域产业融合、产业结构优化调整和转型发展工作中发挥出举足轻重的重要作用。以生产性服务业为中心的产业发展模式也积极落实了国家的产业发展政策，为国内其他地区的制造业服务转型提供了科学参考。

对于中游地区而言，制造业产业规模相对较大的省份为湖北省，湖南、江西、安徽等中游省份则表现出相对接近的产业规模。在制造业服务转型工作中，中游地区的省份表现出比较接近的发展水平，产业结构同质性的问题比较突出。为了克服以上问题对制造业服务转型的不利影响，需要从自身发展实际出发，充分发挥其优势所在，积极承接下游地区部分产业的转移，同时建立健全跨省产业协调机制，实现中游地区各省的合作发

展与协调发展,发挥各自优势实现取长补短,从而为产业转移创造最好的外部条件,加快产业集群的形成和发展速度,并以国家相关发展政策为指导,积极开展创新工作探讨新的发展模式,进一步提升各省市制造业服务转型的发展水平并开创新的渠道。

对于上游地区而言,四川、重庆等省市表现出相对较好的制造业产业基础,而云南、贵州等省则与其他省市的制造业发展之间表现出显著差异。在具体工作中,需要充分考虑不同地区的发展差异,基于生态保护的发展前提,明确云南、贵州等省的发展优势,积极推动其制造业的科学转型,打造地区独特的产业集聚区,实现产业的规模效应,从而加快产业服务转型发展速度。

第六章

长江经济带制造业服务转型梯度推进路径研究

一 基于 Kernel 密度估计梯度推进研究

借助核密度估计法这一研究工具可以对 2002 年、2007 年及 2012 年这三个年度长江经济带各省市的制造业服务转型水平的分布情况及变化趋势进行分析和预测。在所得到的分布函数结果中，图形的峰值与产业聚集效应相对应，单峰结构特征表明了相对集中的分布情况，而双峰、多峰的图形特征则表明了相对分散的分布情况，峰值大小与对应的聚集效应正相关。对于轻工业、资源加工业、机械电子制造业等不同的制造业产业而言，核密度估计法的具体测算过程和结果如下文所示。

（一）轻工业服务转型核密度估计

图 6-1 的内容表明，具体到轻工业这一制造业类别，2002 年与 2007 年的数据图形均表现出单峰收敛的特征，2012 年则表现为多峰收敛的特征，这一结果肯定了长江经济带轻工业服务转型水平呈现出离散化的发展趋势；而 2007 年的离散程度要高于 2002 年，2012 年则呈现出显著的多级分化变化特征，不同省市呈现出显著的地区差异。

（二）资源加工业服务转型核密度估计

图 6-2 的结果表明，资源加工业的服务转型水平在调研年份都表现为双峰形发展特征，也就是说，该制造业存在显著的两极分化问题，峰值差异的变大也表明了日益严重的两极分化现象，高峰值不断下降的同时低峰值表现出先降后升的变化特征，2012 年的低峰值超过高峰值，即服务转型水平整体表现出下降的变化状况，服务转型的水平逐渐下降。

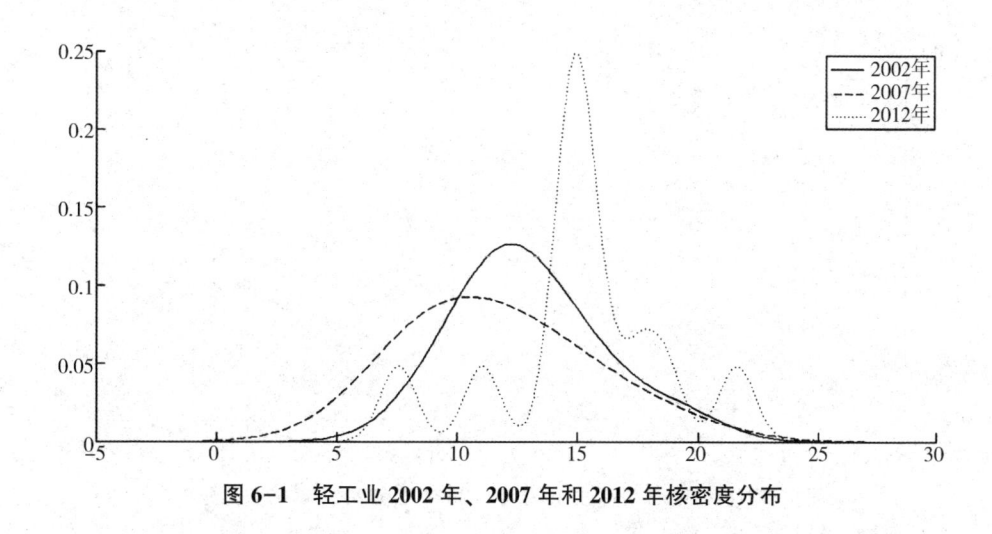

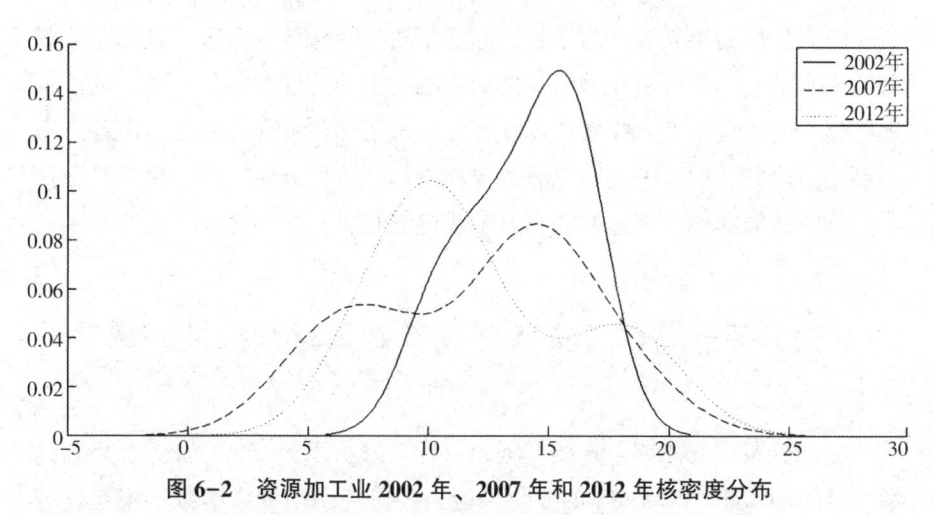

图 6-1 轻工业 2002 年、2007 年和 2012 年核密度分布

图 6-2 资源加工业 2002 年、2007 年和 2012 年核密度分布

(三) 机械电子制造业核密度估计

图 6-3 的结果表明，对机械电子制造业而言，其服务转型水平的发展变化呈现出由双峰向单峰的变化，2002 年为双峰结构，2007 年与 2012 年则转变为单峰结构。这一变化表明了该制造业的服务转型水平表现出收敛的发展特征，地区差异随时间推进而不断缩小。先降后升的峰值特征对应着该制造业服务水平由均衡发展特征向平均度集中的发展特征，峰值位置的变化则表明了高水平的服务转型相对稳定，但是低层次的服务转型水平则存在显著波动特征。

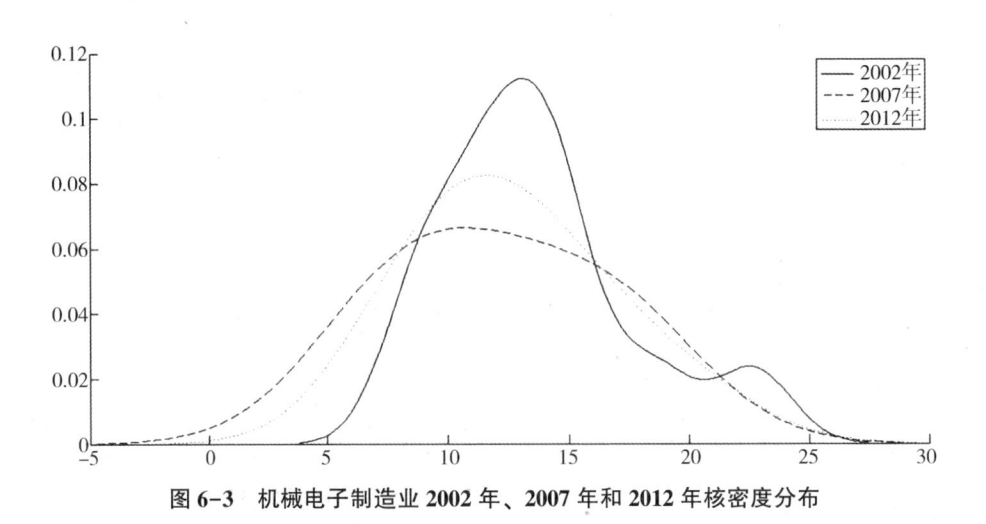

图 6-3　机械电子制造业 2002 年、2007 年和 2012 年核密度分布

研究分析结果表明，对于长江经济带这一特殊地区而言，其制造业服务转型水平整体呈现出先升后降然后小幅度上升的变化特征，其离散性也不断提升，表现出多峰收敛的变化特征。上述变化特征表明区域内各省市的制造业服务转型水平均由显著差异向逐步收敛的方向转变。尽管其中存在多峰收敛的问题，但整体而言其变化趋势相对良好。

二　基于马尔可夫转移概率矩阵梯度推进研究

动态分布研究能够对连续时刻内目标对象状态的变化特征进行研究分析，并预测状态 i 向状态 j 的变化可能。若研究所用的样本数据不足，则将造成计算结果准确性较低的问题，无法满足实际应用的需求。因此，在对制造业服务转型水平的变化规律进行研究分析时，先分析确定制造业服务转型水平的整体变化趋势与转变可能性，然后分别对轻工业、资源加工业、机械电子制造业等不同类别制造业的转移概率进行研究分析。在具体研究中，确保样本的规模不低于 100。

表 6-1 中第 1 列为 t 期的制造业服务转型水平所处的状态，第 1 行表示 t+1 期制造业服务转型水平所处的状态，以及此状态对应的制造业服务转型水平的区间范围，单元格 a_{ij} 中的数字代表 t 期为状态 i 而 t+1 期为状态 j 的概率为 $a_{ij}(i=1,2,3,4; j=1,2,3,4)$，最后一行为稳态分

布，表明在长期均衡状态中，制造业服务转型水平处于状态 j 的概率为 a_{5j}。

表 6-1　　　　　　　　　制造业转移概率矩阵及稳态分布

a_{ij}	低 <9.5%	中低 9.5%—12.93%	中高 12.93%—15.86%	高 >15.86%
低	0.459	0.176	0.135	0.23
中低	0.294	0.341	0.165	0.2
中高	0.217	0.217	0.293	0.272
高	0.139	0.241	0.278	0.342
稳态分布	0.284	0.241	0.213	0.261

制造业转移矩阵表明，矩阵对角线值都超过了 29%，且 t 期、t+1 期表现出低水平特征的可能性保持在 45.9% 的高水平，这一结果肯定了服务转型水平相对较低的地区呈现出相对稳定的发展水平，变动风险相对较低。而对角线下方的元素大多超过了 20%，对角线上方元素的取值则大多不高于 20%，即整体变化呈趋于低水平收敛的特征。

稳态分布结果表明，不同地区制造业服务转型的平均水平呈现出相对均匀的分布特征并且呈现出显著的两极分化可能，在均衡发展方面面临着较大困难。

（一）轻工业服务转型马尔可夫转移矩阵及稳态分布

由表 6-2 所示数据结果可知，对角线上元素的取值均超过了 27.6%，峰值水平达到了 44.8%，这一结果表明了服务转型水平的变化呈现出比较显著的稳定性特征。无论是低水平还是高水平层次，其波动程度均相对较小。此外，服务转型水平由低到高的跳跃式发展可能达到了 33.3%，两极分化的分布变化特征比较突出。

稳态分布研究结果表明，对于轻工业这一类别而言，其服务转型水平在不同水平层次中表现出相对均匀的分布特征，对于高水平与低水平而言，其稳态分布的概率分别为 25.5% 和 27.8%，二者的差异相对较小，表现出比较显著的两极分化可能，短时间内无法实现不同地区的均衡发展，地区差异将客观存在。

表 6-2　　　　　　　　　轻工业转移概率矩阵及稳态分布

a_{ij}	低 <9.55%	中低 9.55%—13.31%	中高 13.31%—15.85%	高 >15.85%
低	0.333	0.185	0.148	0.333
中低	0.345	0.276	0.172	0.207
中高	0.138	0.172	0.448	0.241
高	0.2	0.32	0.16	0.32
稳态分布	0.255	0.242	0.225	0.278

（二）资源加工业服务转型马尔可夫转移矩阵及稳态分布

表 6-3 的相关结果表明，对角线上元素的取值都超过了 30%，表明资源加工业服务转型水平的变化相对更小，即稳定性水平较高。对于资源加工业来说，其服务转型水平由低水平向高水平转变的可能性相对较低，同时高水平存在比较显著的两极分化变化可能。虽然高水平层次存在下降的变化趋势，但是整体下降幅度相对较小，高水平地区能够较好地保持在发展水平。

由稳态分布特征可知，从长远来看，长期均衡的结果有更大的概率保持在低水平层次，也就是说，对于资源加工业而言，其服务转型水平的未来发展趋势呈现出向中低水平层次收敛的较大可能性，不同地区的差异问题比较突出，难以在短期内实现均衡发展并且存在比较显著的两极分化可能。

表 6-3　　　　　　　　　资源加工业转移概率矩阵及稳态分布

a_{ij}	低 <8.845%	中低 8.845%—12.9%	中高 12.9%—15.58%	高 >15.58%
低	0.435	0.261	0.087	0.217
中低	0.286	0.393	0.179	0.143
中高	0.3	0.167	0.3	0.233
高	0.172	0.172	0.31	0.345
稳态分布	0.308	0.255	0.206	0.231

（三）机械电子制造业服务转型马尔可夫转移矩阵及稳态分布

表6-4的数据结果可知，对于机械电子制造业而言，其服务转型水平趋向于均衡，其稳定性显著高于其他两种类别的制造业。造成这一结果的原因在于机械电子制造业属于典型的重工业，对资本、技术等生产资源的需求水平相对较高，因此行业的发展基础更加稳定，行业风险相对较低导致区整体发展比较稳定。这种稳定性也导致其由低水平层次向高水平层次转变时的可能性相对较低，而由高水平层次向低水平层次变动的可能性则更低，均表明了该制造业服务转型水平的稳定性特征。

稳态分布研究结果表明，机械电子制造业呈现出比较显著的两极分化变化趋势，并且呈现出倾向于低水平的变化可能。虽然其整体变化趋势类似于资源加工业，但是其风险更大，极端情形的出现概率可能更高。

表6-4　机械电子制造业转移概率矩阵及稳态分布

a_{ij}	低 <9.65%	中低 9.65%—12.58%	中高 12.58%—16.05%	高 >16.05%
低	0.542	0.167	0.0833	0.208
中低	0.28	0.4	0.16	0.16
中高	0.222	0.278	0.194	0.306
高	0.08	0.28	0.2	0.44
稳态分布	0.293	0.28	0.154	0.273

由以上研究结果可知，对于不同的制造业类别而言，其服务转型水平整体呈现出趋向于低水平的变化特征，并且都存在比较显著的两极分化可能。此外，发展水平的差异使得其均衡发展的难度相对较高，即在短期内地区差异的问题将客观存在。

三　长江经济带各类制造业服务转型水平梯度推进路径的分类

由上述研究分析结果可知，对于长江经济带这一我国重要的制造业核心区域而言，其制造业的服务转型水平呈现出特殊特征。在该区域中，江苏、浙江的服务转型水平相对较低，而安徽、贵州、云南等省则呈现出相对较高的服务转型水平，这一结果表明了服务转型水平同经济发展水平之间的不一致问题。核密度分析法、马尔可夫链法等方法的研究结果则肯定了该区域制造业服务转型水平呈现出向低水平层次转变的变化趋势，而不同省市制造业服务转型水平差异的问题在短期内无法有效解决，难以实现区域制造业的均衡发展。这就导致了实际发展同发展预期之间的不一致。针对上述问题，本书从梯度区间的层面出发，探讨分析不同地区制造业服务转型的梯度推进路径，从而为不同地区的制造业服务转型提供科学指导。

（一）基于产出角度的制造业服务转型梯度推进矩阵法

通过对工业生产总值、中间服务投入量、服务转型产出量、服务转型水平的组合分析可知，制造业服务转型的投入产出状态能够通过工业总产值、服务转型水平等指标进行描述，并且服务转型水平同工业经济发展水平之间存在显著的内在关联，这一关联性也将说明制造业发展水平同服务转型水平之间的不一致现象。基于上述结论，本书具体从产出的层面出发探讨分析制造业服务转型对应的梯度推进矩阵的具体实现方法。

该方法所构建的矩阵横轴元素为工业生产总值，纵轴元素为制造业转型服务水平，以此为基础构建二维散点图，并在剔除工业生产总值极值的基础上取其二分点作为划分基准对纵轴进行分割，获得一个四象限矩阵，并将该矩阵四个象限分别代表低质型、低投型、高产型、高质型四种不同的制造业服务转型模式，并明确与之对应的梯度模型。

（二）轻工业服务转型梯度推进路径研究

出于保证研究所用数据统计口径的一致性与数据来源的统一性，本书对制造业的具体产业进行整合，将轻工业的构成界定为食品制造业、纸业、纺织业等，然后分别以轻工业服务转型水平、轻工业生产总值为纵轴和横轴因子，绘制不同年度的梯度散点图，详见图6-4。在该散点图中，代码1代表上海、代码2代表江苏、代码3代表浙江、代码4代表江西、代码5代表安徽、代码6代表湖北、代码7代表湖南、代码8代表重庆、代码9代表四川、代码10代表贵州、代码11代表云南。而十字形、菱形及圆形点分别为2002年、2007年和2012年的散点。

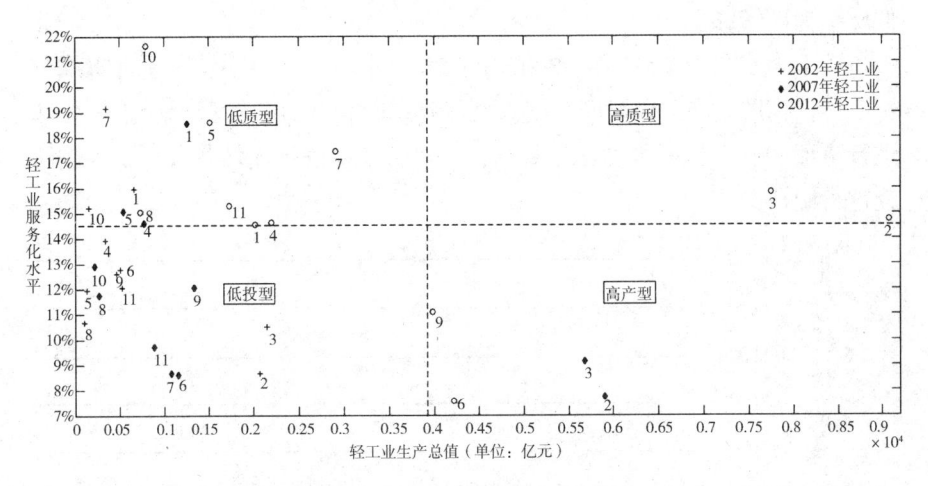

图 6-4 轻工业服务转型梯度散点

根据整体布局结构可知，各个散点基本是以低质型、低投型梯度为集中区间，具体解释为：（1）低质型散点，服务转型水平区间[14.5%，16%]，对应轻工业生产总值分布基本是控制到1000亿元以下，聚集现象非常明显；（2）低投型散点服务转型水平区间[11%，13%]，同时轻工业生产总值散点分布集中在1500亿元以内，聚集现象明显。其实，布局中同样有高产型、高质型梯度散点，但是数量很少，分布聚集现象不够明显，甚至基本趋势也不够清晰。

2002年，散点主要集中于低质型、低投型梯度区间内，服务转型水平基本处于12%—16%中，轻工业生产总值也处于700亿元以内梯度，集聚现象明显，产出值整体不高，峰值是2147亿元；2007年，相比来说轻工业服务转型水平是处于整体降低的趋势，但生产总值明显提升，这是由于低质型梯度集中效应良好所得结果，集中区间在1300亿元内，离散效果更突出，聚集现象得到明显缓解，可也有部分散点处于高产型梯度中；2012年，低质型梯度成为主要的散点集中区间，基本看不到低投型梯度集中现象，部分散点转移到高质型、高产型梯度中，两极分化现象非常明显。整体结构中，我们可以看到这种变化，轻工业生产总值提升趋势明显，但服务转型水平却呈现降低现象，散点分布离散效果更好，这就是差异产生的原因。可我们对2012年实际轻工业发展状况分析后，认为服务转型水平整体处于绝对提升状态，但也正是因为生产总值、服务转型水平二者间提升速率差异太大，前者远低于后者，所以散点开始越来越多地向低质型梯度转移。

接下来本书对2002年、2007年、2012年轻工业中间投入总量折线分析后，得到图6-5，以时间维度来对各省市轻工业服务转型梯度推进规律进行论证，再讲空间维度作为基础，针对长江经济带流域各段梯度推进路径进行确认。

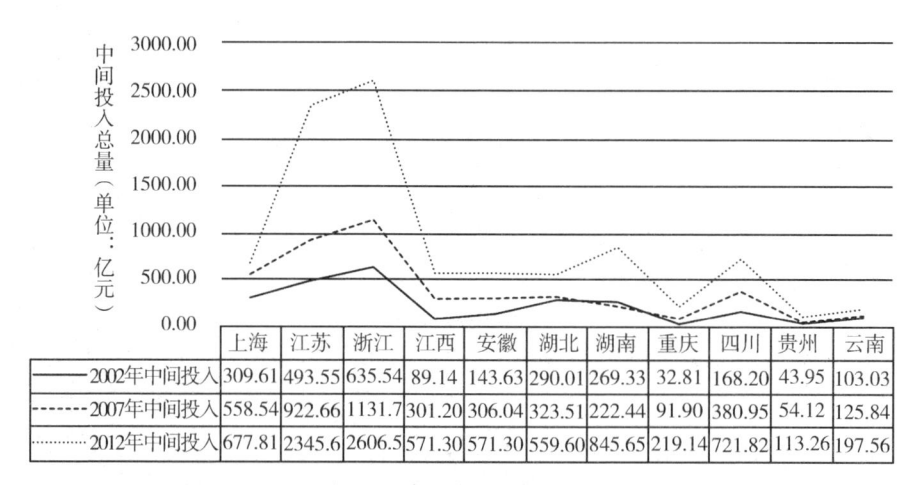

中间投入总量（单位：亿元）	上海	江苏	浙江	江西	安徽	湖北	湖南	重庆	四川	贵州	云南
2002年中间投入	309.61	493.55	635.54	89.14	143.63	290.01	269.33	32.81	168.20	43.95	103.03
2007年中间投入	558.54	922.66	1131.7	301.20	306.04	323.51	222.44	91.90	380.95	54.12	125.84
2012年中间投入	677.81	2345.6	2606.5	571.30	571.30	559.60	845.65	219.14	721.82	113.26	197.56

图6-5 轻工业服务转型中间投入总量折线

1. 从时间维度分析

经过对2002年、2007年、2012年各省市轻工业服务转型水平梯度散点图综合比对后，我们发现上海市一直在低质型梯度区间，各个年份变化曲线都是以倒U形路径为主，表示服务转型水平增长能起到的轻工业生产总值边际效益为负。相比来说，2007年轻工业生产总量有明显增加，可服务转型水平增长速率更高，这是轻工业服务转型向低梯度方向转移的原因，到2012年，服务转型中间投入增长速度加快，轻工业服务转型水平有明显下降现象，这就是必须向优质梯度逐渐推进的重要原因。上海市在未来阶段发展应该以轻工业与服务业相融合为主，增加投入比重能有效推进轻工业生产力提升，是实现低质型向低投型平滑推进的重要过程。

本书对江苏、浙江三段时间轻工业发展情况分析后，发现呈现出递增趋势。2002年，两省基本都处于低投型，2007年都变为高投型，到2012年都推进到高质型。由此可见，这三段时间两省推进路径是以正U形梯度为主，曲度平滑，可以从中看出2002—2007年服务转型水平是突然增加的现象，工业总产值增幅却缩小，连50%都未达到。江苏推进曲线平滑度更明显，服务转型水平增长能更深层次地影响工业总产值。这种推进路径结构表示两省在服务转型投入方面，能以正向来影响轻工业生产总值，可通过增加投入的方式来满足轻工业向高产型梯度顶端的发展。但在曲度陡峭部分，服务业边际投入能起到的轻工业边际产出影响是零，表示服务转型水平处于最优状态。

江西变化路径同样是倒 U 形，但特征是弧度大，说明 2007 年服务转型水平比 2002 年明显增加，生产总值增速相对较低，这是导致低投型向低质型梯度变化的直接原因。2007—2012 年，服务转型水平并无明显变化，生产总值增加是成倍效果，表示轻工业服务转型水平边际效益能起到的影响力很低，甚至对轻工业生产总值有负影响。本书认为现阶段应该有意识地抑制服务转型水平增长状态，这是确保轻工业服务转型能推进到更高梯度的重要方法。

安徽推进路径是对数形式上升梯度，服务转型水平增长速度很快，且工业总产值增长也是以倍数呈现，可前者速度要比后者高出很多，轻工业服务转型梯度逐渐从低投型向低质型转移，不仅梯度下降，服务转型投入量也生成明显冗余。这种情况说明服务转型投入增加并不能实现生产总值增长速度的提升，需要有意识地降低服务转型投入量，生产力升级才有可能带来更好的工业总产值效果，对轻工业产业结构转型来说非常有利，可实现高梯度推进目标。

湖北推进路径为对数形式下降梯度，2002 年与 2007 年两年服务转型水平降低以倍数为表象，同时工业生产总值增加也是成倍，到 2012 年，服务转型水平稍微降低一些，但生产总值方面增长有 3 倍之多。这些数据说明，湖北轻工业发展应该以生产力提升为主，且已经处于高投型梯度区间内。要实现服务转型水平快速提升，可通过轻工业生产总值增加目标的实现，确保轻工业梯度推进路径始终保持在正 U 形结构，弧度平滑是同样要保持的效果，与服务转型水平正影响，与生产总值有正向关系。

湖南变化情况与湖北差异很大。2002 年，湖南是低质型梯度，很快服务转型水平投入量开始集中降低，到 2007 年，中间投入总值更低，轻工业生产力多方面共同提升成为发展重点。当时湖南还处于低投型梯度，可产业结构尚未形成良性循环，稳定性不足，生产力不达到某个标准就盲目增加服务业在轻工业中的投入量，会导致服务转型梯度直接跨越到低质型。其实，在 2007 年，湖南、湖北两省梯度散点相似性很高，可湖北以生产力提升目标，湖南选择继续投入服务转型，对生产总值都有提升作用。但从结果来看，湖北生产总值增长速度和区间都更明显，到 2012 年时，轻工业已经进入高产型梯度，同时期湖南却被推进到低质型。所以，要保证湖南轻工业获得新的发展空间，应该间接借鉴湖北发展经验，通过对轻工业中服务业投入量的控制，将产业结构本身优化和升级，这是实现生产总值发展空间稳定的前提，在达到某个标准后才能进一步增进服务转型投入，这才是未来发展之道。

重庆推进路径与安徽非常接近，基本都是直线型梯度模式，但产业结构、生产能力间差异较大，导致服务转型水平增长速度无法为生产总值增加带来更好的助力。由此可见，重庆要发展轻工业，可以通过生产力提升的方式，优化产业结构，服务转型水平适度提升，可作为次位要素来考虑。如果过分追求服务转型投入量增加，必然会造成服务转型梯度再次降低。

四川推进路径基本与湖北一致，不同之处是所处阶段差异，2002—2007 年，四川服务转型投入增加一倍左右，生产总值产出增长 150%，这说明服务转型投入能正向推动生产总值发展，轻工业产业结构相对完善，生产能力稳定性较好。在四川将服务转型投入再增加一倍时，我们依旧清晰地看到生产总值增长达到 100%，这表示在以后发展中，可以继续延续这项推广政策，增加服务业投入量，确保曲线平滑效果增强，可实现高质型梯度推进的最终目标。

贵州、云南两省推进路径基本与湖南相似，先说贵州，在 2002—2007 年发展阶段，生产总值始终不高，但到了 2012 年，服务转型中间投入量猛增，此时产业结构不够完善，服务转型快速提升严重影响轻工业发展，不仅出现生产总值增加压力巨大，还造成服务转型冗余程度高的问题。相对来说云南发展更和缓一些，但生产总值不达标时，服务转型中间投入同样不宜增加，要以产业结构优化、生产力提高为基本目标。

2. 从空间维度分析

本书研究对象是长江经济带，研究过程划分为上中下游阶段。其中，上游指代长江流域由河源到湖北宜昌；中游是湖北宜昌到江西湖口；下游是江西湖口到入海口。为研究便利，本书根据地理位置，定义的经济带地区分别包括：上游—云南、贵州、四川、重庆；中游—湖北、湖南、江西、安徽；下游—浙江、江苏、上海。

经过对2002年、2007年、2012年三个阶段各个省市梯度推进路径比对后，我们发现轻工业服务转型梯度路径差异明显，可也有明显一致性特征。中下游服务转型梯度更高，即便是本书研究结果认为上海是低质型梯度，但生产力很强，产业结构稳定性强；中下游相似性明显，一直是上中游发展支柱省份的四川、湖北等，才进入高产型梯度，发展速度很快，服务转型水平投入量应该适度增加；上游重庆、中游安徽都存在服务转型投入盲目增加的情况，这是造成低投型梯度直接进入低质型梯度的原因，正因如此这些省份应该注重对服务转型投入的合理控制，不便投入过多；中游湖南、上游云贵，服务转型水平得到控制后实现生产总值增长速度的稳定，但中间服务投入量增加契机选择不好，生产总值不达标时过分增加，造成推进到低投型梯度后，很快又回落到低质型梯度。

2012年，江苏、浙江两省是以高质型梯度为主，上海一直都是低质型梯度，要实现长江上游均衡发展目标，对上海来说是降低服务转型中间投入冗余量，对增长水平进一步合理控制，确保轻工业生产总值能稳定增长，向高产型梯度过度平滑性更好。中游湖北以高产型梯度为主，湖南、江西、安徽为低质型梯度主体，服务转型中间投入应得到严格控制，行业发展重心向省内转移，以生产力提升的方式推动发展向低投型梯度演进，湖北要合理增加中间投入，以和缓投入的方式来推动服务转型水平高质型梯度的跨越。四川对中间投入的增长速度要有所控制，以逐渐逐次的方式确保服务转型水平能合理迈入高质型梯度，安徽、云贵等地要有意识提升行业生产力，服务转型中间投入量应得到合理控制，这是推进到低投型梯度的重要步骤。

（三）资源加工业服务转型梯度推进路径研究

要保证《中国地区投入产出报》《中国工业经济统计年鉴》二者中对行业的规范和分类能一致，且实现数据来源精准度，本书着重对后者多项行业进行合并。比如，资源加工业主要整合的行业有：石油加工及炼焦、化学原料及化学制品、非金属矿物制品、黑色金属/有色金属冶炼、金属制品业。通过对2002年、2007年、2012年三个阶段长江经济带各省市行业发展情况的分析，计算出资源加工业生产总值后，将此数据作为横轴，对应服务转型水平是纵轴。下一步是将行业生产总值进行极值去除，通过对二分点的确定（8300亿元），将此作为横轴区分点，本书建议将该行业服务转型水平中间点（12.5%）作为区分点，由此构建资源加工业服务转型水平梯度模式。字母代码以 1—11 为主，指代各个不同省份，分别是：上海、江苏、浙江、江西、安徽、湖北、湖南、重庆、四川、贵州、云南。图 6-6 中是不同年份阶段散点分布状态。

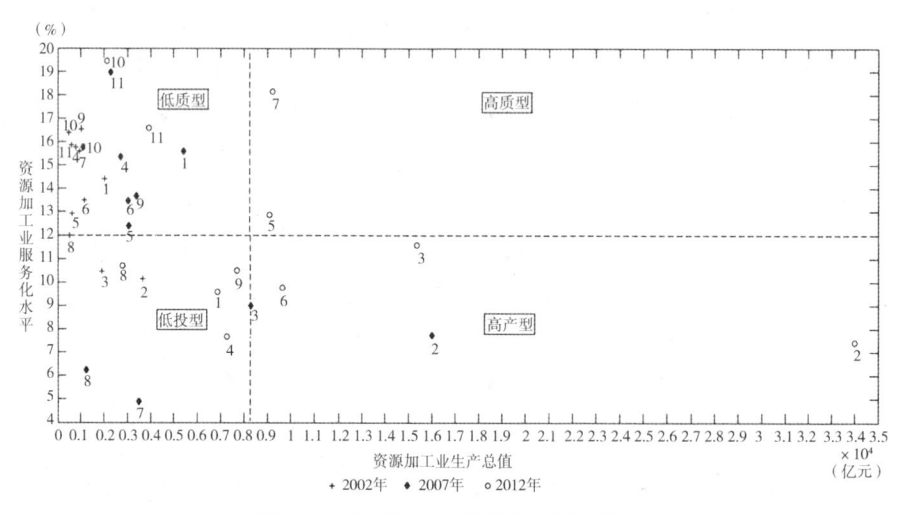

图 6-6 资源加工业服务转型梯度散点

以整体分布模式来说，各个散点多数集中在低质型、低投型区间，前者区间 [15%，17%]，工业生产总值基本在 1000 亿元以下，集聚现象明显；后者散点工业总产值差异明显，服务转型水平区间 [9%，11%]，并无聚集现象出现。对高产型、高质型散点数量分析后，发现其总量不大，可有着明显高服务转型水平，分布零散现象特征。

2002 年，散点主要集中区间是低质型梯度，服务转型水平区间 [15%，17%]，资源加工业生产总值区间以 1200 亿元为主，聚集现象非常明显，产出值并不高，峰值是 3643 亿；2007 年，相比来说低质型梯度散点数量较多，且服务转型水平降低情况并不突兀，基本在和缓变化范围内，可是分散性更加明显，这就说明聚集效果有限，也能看到部分散点服务转型水平出现快速降低的现象，直接落到低投型梯度中，这就是两极分化情况出现的原因；2012 年，该时间段散点更加分散，聚集趋势更不明显，基本在各区间内都有均等分布，可是还能看到一个特征，就是接近分界点周边，低投型、高质型梯度这种现象尤为突出。整体说来，2007 年资源加工业服务转型水平相对略低，比 2002 年曲线下降趋势明显，但优

第六章　长江经济带制造业服务转型梯度推进路径研究

势是生产总值快速提升，到 2012 年时，这种分化现象更加清晰，不同省市服务转型梯度分布情况不均匀，出现梯度差异化的呈现。

接下来本书对 2002 年、2007 年、2012 年资源加工业中间投入总量折线分析后，得到图 6-7，以时间维度来对各省市轻工业服务转型梯度推进规律进行论证，再讲空间维度作为基础，针对长江经济带流域各段梯度推进路径进行确认。

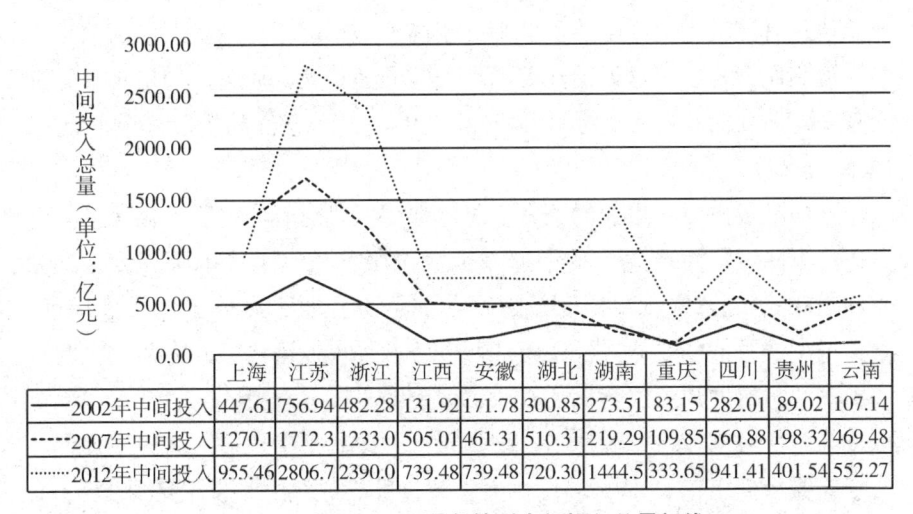

中间投入总量（单位：亿元）	上海	江苏	浙江	江西	安徽	湖北	湖南	重庆	四川	贵州	云南
2002年中间投入	447.61	756.94	482.28	131.92	171.78	300.85	273.51	83.15	282.01	89.02	107.14
2007年中间投入	1270.1	1712.3	1233.0	505.01	461.31	510.31	219.29	109.85	560.88	198.32	469.48
2012年中间投入	955.46	2806.7	2390.0	739.48	739.48	720.30	1444.5	333.65	941.41	401.54	552.27

图 6-7　资源加工业服务转型中间投入总量折线

1. 从时间维度分析

分析 2002 年、2007 年和 2012 年各省市的资源加工业服务化水平梯度散点图发现，上海经过三个阶段的发展目前已经处于低投型梯度中，三段时间内的变化曲线呈现倒 U 形，这说明服务化水平的边际效益对资源加工业生产总值而言为负，2007 年相对于 2002 年而言，虽然工业生产总量有所增加但是服务化水平的增长速率远高于工业生产总值的增长速率，导致资源加工业的服务化向更低的梯度发展，2012 年则控制了服务化中间投入的增速，虽然资源加工业服务化水平在一定程度上有所降低，但是使得服务化向更优质的梯度进行发展。2012 年上海的资源加工业生产总值仍然属于中下等水平，因此应该保持服务业在资源加工业中的投入比例，使得资源加工业从低投型平滑的向高产型进行推进。

江苏和浙江的资源加工业梯度三段时间内呈现缓慢上升的形态，2002 年和 2007 年均处于低投区，2012 年均处于高投区，三段时间内呈现出了正 U 形的梯度推进，且正 U 形的曲度非常平滑。江苏和浙江 2007 年大力增加了服务化的中间投入量，使得工业生产总值猛速增加，此时服务化的投入对工业生产总值仍然有促进作用，所以在2012年江苏和浙江仍然继续大力增加了服务化的中间投入量，但是此时两省出现了一定的差异，江苏省的服务化水平基本保持不变，而总产出却翻倍，说明江苏的服务化投入对资源加工业的生产总值的边际影响仍然很大，可以继续大力投入服务业在资源加工业中，但是浙江的服务化水平则有了较大跨度的增长，而生产总值仅有江苏省的一半，虽然都处于高产型梯度中，但是浙江的散点已经逼近高质型梯度，这说明江苏的增长空间还很大，而浙江的增长空间则有限，对浙江而言服务化水平对资源加工业生产总值的边际影响将越来越小。

江西呈现出对数形式的急速下降趋势，三段时间内的服务化水平都有急速的下降，但生产总值的增速则远大于服务化水平的下降速度，2002年和2007年处于低质型梯度，2012年时服务化水平则处于低投型梯度，且接近生产总值的二分点，说明江西的资源加工业结构已经完善，在此过程中江西虽然增加了服务化的投入，但是明显服务化投入的力度太小，可以逐渐增加服务业在资源加工业中的投入，使其平滑地进入高产型梯度。

安徽呈现出正U形的增长，增长弧度非常平滑，服务化水平在2002年和2007年以及2012年均为12%—13%，2002年和2007年处于低质型梯度中，2012年则跳跃式发展成为高质型，说明在这三段时间内，都将服务业大力投入在资源加工业中。虽然安徽2012年已经处于高质型的梯度中，但是其生产总值非常接近梯度划分点，因此继续大力提高服务化水平不仅不能带来生产总值的快速提升，反而可能使服务化水平的投入产生冗余，因此安徽应该继续平稳保持服务化在资源加工业中的投入量，使得其资源加工业平稳发展。

湖北呈现出了对数形式的下降梯度推进路径，且下降的梯度非常平滑，尤其是2002年和2007年，虽然服务化的投入几乎翻倍，但是服务化水平几乎没有发生太大的变化，这说明对湖北而言，服务化的投入对资源加工业生产总值的边际影响几乎为0，因此在2012年选择平稳的保持服务业的投入，从其他方面大力提高生产力，使得2012年服务梯度进入了高产型，此时服务化水平适当地提高能够积极有力地促进资源加工业的生产总值增加，使得湖北资源加工业的梯度推进路径成为一个正U形，且弧度越平滑说明服务化水平对生产总值的正影响越大。

湖南则同湖北形成了鲜明的对比，2002年湖南处于低质型梯度中，此后其大大降低了服务化水平的投入，2007年的中间投入总值比2002年还要少，从其他方面入手对资源加工业的生产力进行了提高，所以2007年湖南处于低投型梯度中，但是此时湖南的产业结构还未形成良性循环，产业结构还不够稳定，生产力本身还未达到一定的水平就贸然增加服务业在资源加工业中的投入，虽然此时湖南的梯度进入了高质型梯度，但是其服务化投入的溢出值过大，不应当再继续大力增加服务化投入，而应该平稳地保持甚至降低服务化的投入，使其能够缓慢靠近高产型梯度，完善产业本身的结构，使其生产总值达到一定的水平后再增加服务化的投入。

　　重庆呈现了V形的梯度变化，且三段时间内均处于了低投型梯度中，2007年的服务化水平仅有2002年的一半，2012年的服务化水平则几乎与2007年相同，但三年来的生产总值未发生较大的增长，这说明重庆的资源加工业产业结构和生产能力有限，服务化水平的快速增加并不能带来生产总值的明显增加，此时重庆应该做的是提高生产能力，而非提高服务化水平，此时增加服务化的投入只会使其服务化梯度向更低梯度推进。

　　四川呈现出了近乎直线下降的梯度推进路径，2002年和2007年处于低质型梯度中，2012年处于低投型梯度中，每年的服务化水平降低速率几乎相同，而生产总值则有较大的增长，2012年四川的生产总值已经接近梯度划分点，这说明四川的服务化投入可以给生产总值带来正向的影响，产业结构是比较完善的，生产能力也达到了一定的稳定性，2012年后可以适当增加服务化投入的比率，使四川的服务化梯度向高产型梯度平滑过渡。

　　贵州则呈现出了正V形的推进路径，三年来的服务化水平始终处于低质型梯度，2012年的服务化水平高达19.46%，但是三年间服务化梯度均处于低质型梯度，2007年大力投入服务化后，服务化水平反而降低，说明此时服务化的投入对生产总值的影响为负，不应当继续大力增加服务化的投入，然而2012年再次增加了服务化的投入，使得生产总值缓慢增加的同时，服务化的投入产生了大量的冗余，使得服务化水平虚高，但产业结构却很不稳定，因此贵州应当降低服务化的投入，从其他方面着手增加资源加工业的生产力，使得服务化水平急速下降。

　　云南呈现出了倒V形的推进路径，三年来服务化水平始终处于低质型梯度，2007年云南大力提高了服务化水平的投入，使得服务化水平猛增，2012年意识到服务化水平的提高对资源加工业的工业生产总值的影响已经产生了抑制作用，大力控制了服务化的中间投入，不断地完善产业结构，使得服务化水平有所下降，且生产总值的增速同2007年几乎持平。云南应当继续控制服务化水平的中间投入，在产业结构不断完善后再逐步增加服务化的投入，让其先快速进入低投型梯度，再平滑地发展成为高产型梯度。

2. 从空间维度分析

本书对三个阶段梯度推进效果分析后，发现各省市推进速度并不相同，长江沿线各段资源加工业服务转型梯度差异明显，相比于聚集现象水平较低。我们对不同游段实际状态分析后，具体情况为：下游省市服务转型梯度水平高，但上海一直处于低投型梯度中，江苏、浙江都是高投型，要保持继续投入量增长的状态，确保能由现阶段高投型梯度，平滑过渡到高质型梯度中。中游安徽、湖北、湖南发展路径差异较大，但基本是维持在高产型、高质型两个梯度间，可不能确定路径健康程度。这是由于2012年三个省份散点与工业生产总值区分点非常接近，安徽、湖北两省要有意识地放缓中间投入增长速度，能以正U形推进结构为模式，湖南服务转型中间投入要有所控制，产业结构稳定性不佳，即便是再投入也只能造成V形发展情况。这就说明服务转型溢出量增加，服务转型水平投入量增加反而会对生产总值造成负影响。对江西来说，可通过服务转型投入量的增加，导致对数下降成为平滑上升曲线，由此实现高产型梯度推进。再来看上游的几个省市，重庆、贵州、云南推进路径都是V形结构，低质型、低投型梯度是其发展模式，相比来说要将服务转型投入量有所控制，这就是低投型梯度得以顺利进入的前提。只有等到产业结构完善，再实现服务转型中间投入增加，这是平滑推进高产型梯度的重要方式。四川发展起源是对数型下降梯度，经过服务转型投入量增加后，以平滑状态推进到高产型梯度。

2012年，江苏、浙江两省是以高质型梯度为主，上海一直都是低质型梯度，要实现长江上游均衡发展目标，对上海来说是降低服务转型中间投入冗余量，对增长水平进一步合理控制，确保轻工业生产总值能稳定增长，向高产型梯度过度平滑性更好。中游湖北以高产型梯度为主，湖南、安徽为高质型梯度主体，服务转型中间投入应得到严格控制，江西是低投型梯度，服务转型中间投入应得到严格控制，保证能以平滑状态推进到高质型梯度。湖北要合理增加中间投入，以和缓投入的方式来推动服务转型水平高质型梯度的跨越。四川对应中间投入的增长速度进一步推进，以逐渐逐次的方式确保服务转型水平能平滑状态迈入高质型梯度，保证长江中游各省份能与其实现有效对接。

（四）机械电子制造业服务转型梯度推进路径研究

要保证《中国地区投入产出报》《中国工业经济统计年鉴》二者对行业的规范和分类能一致，且实现数据来源精准度，本书着重对后者多项行业进行合并。比如，机械制造业主要整合的行业有：通用、专用设备制造业，交通运输设备制造业，电气、机械器材制造业，通信计算机/其他电子设备制造业，仪器仪表、文化办公用机械制造业。通过对 2002 年、2007 年、2012 年三个阶段长江经济带各省市行业发展情况的分析，计算出机械制造业生产总值后，将此数据作为横轴，对应服务转型水平是纵轴。下一步是将行业生产总值进行极值去除，通过对二分点的确定（9500 亿元），将此作为横轴区分点，本书建议将该行业服务转型水平中间点（14%）作为区分点，由此构建机械加工业服务转型水平梯度模式。字母代码以 1—11 为主，指代各个不同省份，分别是：上海、江苏、浙江、江西、安徽、湖北、湖南、重庆、四川、贵州、云南。图 6-8 中是不同年份阶段散点分布状态。

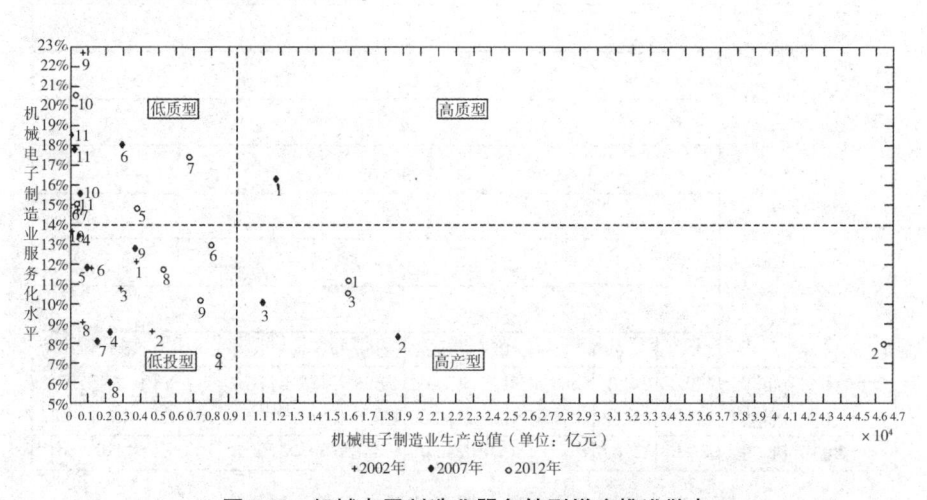

图 6-8 机械电子制造业服务转型梯度推进散点

以整体分布模式来说，各个散点多数集中在低质型、低投型区间，前者散点以线性结构为主,服务转型水平差距非常明显,可是工业生产总值基本在 1000 亿元以下,集聚现象不明显;后者散点工业总产值差异明显,服务转型水平离散状态突出,并无聚集现象出现。对高产型、高质型散点数量分析后,发现其总量不大,服务转型水平也不够高,这说明机械电子制造业生产总值相对较低。

2002 年,散点主要集中区间是低质型梯度,服务转型水平、工业生产总值差异明显,聚集现象不突出,机械电子制造业生产总值产出值并不高,峰值是 4549 亿元;2007 年,散点分布离散性明显,分化现象正是由此而来,服务转型水平稍微有收敛情况,工业生产总值增加趋势清晰,但增速还相对缓慢;2012 年,该时间段散点更加分散,聚集趋势更不明显,可是还能看到一个特征,就是两极分化,向高产型梯度变化趋势更加快速。整体说来,2007 年机械电子制造业服务转型水平相对略低,但优势是生产总值快速提升,到 2012 年时,这种分化现象更加清晰,不同省市服务转型梯度分布情况不均匀,出现两极分化现象。

接下来本书对 2002 年、2007 年、2012 年机械电子制造业中间投入总量折线分析后,得到图 6-9,以时间维度来对各省市机械电子制造业服务转型梯度推进规律进行论证,再将空间维度作为基础,针对长江经济带流域各段梯度推进路径进行确认。

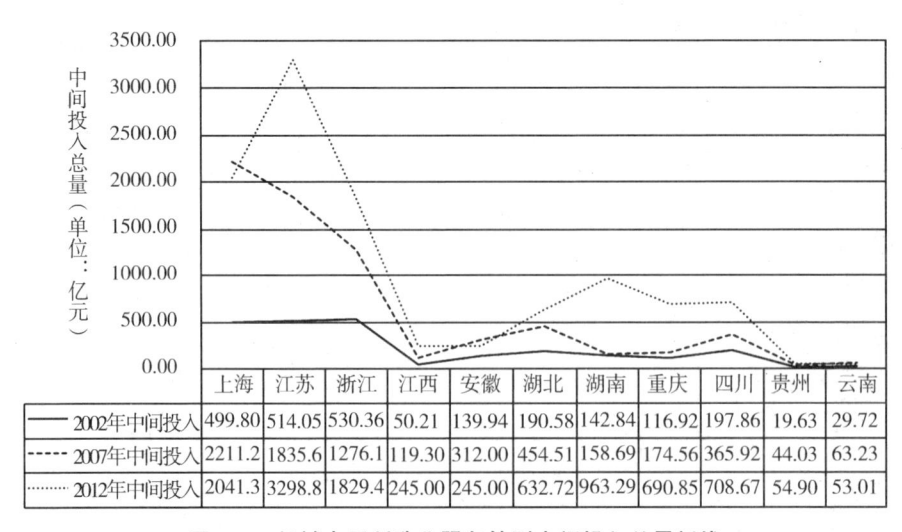

	上海	江苏	浙江	江西	安徽	湖北	湖南	重庆	四川	贵州	云南
2002年中间投入	499.80	514.05	530.36	50.21	139.94	190.58	142.84	116.92	197.86	19.63	29.72
2007年中间投入	2211.2	1835.6	1276.1	119.30	312.00	454.51	158.69	174.56	365.92	44.03	63.23
2012年中间投入	2041.3	3298.8	1829.4	245.00	245.00	632.72	963.29	690.85	708.67	54.90	53.01

图 6-9 机械电子制造业服务转型中间投入总量折线

1. 从时间维度分析

经过对 2002 年、2007 年、2012 年各省市机械电子制造业服务转型水平梯度散点图综合比对后，我们发现上海已经进入高质型梯度区间，各个阶段变化曲线都是以倒 U 形路径为主，表示服务转型水平增长的行业已经实现跨越式发展，且服务转型水平对生产总值边际效益有正影响，但这种影响效果不断降低。2007 年，服务转型水平增长速率更高，但到 2012 年服务转型水平却明显降低，可见跨越式发展后发展策略保守性过于明显，并未将服务业功能完全实现，说明应该继续增加投入量。这时确保服务转型投入对机械电子制造业边际产出影响效果为零，可实现最优投入比例的稳定增长，实现上海机械电子制造业服务转型梯度平稳，能顺利过渡到高质型梯度。

本书对江苏、浙江三段时间机械电子制造业发展情况分析后，基本呈现出一致化趋势，说明每年服务转型水平差异并不大，机械电子制造业总值增加比较稳定，特别是江苏，增加速度比浙江更大，基本都是从低投型向高产型梯度平滑发展。可是这种高产型梯度，服务转型水平处于低层次。在未来的发展运营中，可通过增加投入量的方式，推动行业向高质型梯度发展。

江西的变化路径是对数形式急速降低，三段时间内服务转型水平均为这种状态，可生产总值增速相对较低，2002—2007 年，低投型梯度是主要区间，到 2012 年，服务转型水平基本维持在低投型梯度中，并与生产总值二分点更加接近，表示行业结构发展状态接近完美，虽然服务转型投入增加趋势仍然存在，但力度明显降低，需要在未来一段时间内继续增加，维持平滑推进高产型梯度的成效。

安徽的推进路径是正 V 形，服务转型水平相对较高，但是产量不足，2007 年时，服务转型中间投入得到再次增加，服务转型水平处于略微降低的状态，表示工业生产总值效应是正数。但 2012 年投入量降低，直接造成中间值下降，很难对机械电子制造业提供有效正影响，这就是低投型向低质型梯度发展的原因。虽然此时生产总值得到很大提升，可生产力有限，无法支撑行业发展和运营，要有意识控制投入量，以平滑状态，推进到低投型梯度中，这也是实现中间投入有效性提升的方式。

湖北的推进路径为倒 V 形下降梯度模式，2007 年服务转型中间投入量相比 2002 年翻番，这种增加量实现了低质型梯度增加，表示服务转型能对工业生产总值边际效益产生正影响，可正是因为投入增加速度太快，导致冗余出现，应当适度控制基本的投入量。2012 年，中间投入控制成果显著，服务转型水平向低投型梯度发展，工业生产总值量更接近横向区间二分点位置，说明可以实现平滑推进到高产型梯度。等到行业发展推进完成后，我们发现中间投入的增加能有利于向高质型梯度推进，可以适当调整发展策略。

湖南的变化情况与湖北差异很大。2002 年，湖南是低质型梯度，生产总值处于低区间，2007 年，在保持投入速率的同时确保机械电子制造业发展能更加稳定，这就是服务转型水平快速降低导致的现象，并未将服务业正影响能力发挥出来，造成行业发展总值无法提升。以长江经济带中下游省市发展水平来说，湖南在 2012 年通过中间投入快速增加的方式，直接投入 2007 年 4 倍的总量，这种情况的直接结果是导致服务转型水平快速增加，但生产总值却只实现 3 倍，明显有大量冗余存在转型过程中。对湖南来说，要控制投入量，以平滑状态，推进到低投型梯度中，这也是实现中间投入有效性提升的方式。

重庆推进路径是正 V 形梯度，三段时间内都处于低投型，以数据来说，2007 年服务转型水平只有略微增加的现象，说明 2007 年中间投入量还是不够，水平骤降也是由此而来。而 2012 年同样明显增长，总投入达到 2007 年的 4 倍，虽然对生产总值有明显的推动，但后者增长速率过快，导致低投型梯度情况并未得到缓解。要有意识地控制投入量，以平滑状态，推进到低投型梯度中，这也是实现中间投入有效性提升的方式。

四川的推进路径基本是对数下降梯度形式，2002 年服务转型水平是 22.86%，2007 年投入量增加相对稳定，能有效抵消增加带来的冗余，完全为低投型梯度区间。到 2012 年，投入量增加带来的结果是服务转型水平降低，可以说此时服务转型投入、工业生产总值间增速基本一致，表示四川可在以后继续增加服务业投入量，确保曲线平滑效果增强，实现高质型梯度推进的最终目标。

贵州的服务转型水平一直是直线型增长状态，但是对工业生产总值比对后，发现数据并无明显变化，造成这种情况的原因，我们认为是由于服务转型水平投入量过高，却未实现行业发展正效益的目标。2012 年的机械电子制造业工业生产总值数据比 2007 年更低，这种结果说明，贵州服务转型水平的提升，并不能真正实现行业发展的优化，需要通过产业结构完善的方式推进生产力，确保对数式降低效果的同时，能以平滑方式来横向发展，这是确保向高产型梯度发展的重要方式。

云南推进路径基本与贵州一致，服务转型水平以低质型梯度为主，生产总值变化空间不大，增速缓慢但稳定，这就是确保转型中间投入的同时，可实现投入效应的凸显。与产业结构完善过程相比，能以逐渐增加的方式来完成中间投入的提高，保证对行业发展产生正影响，这是确保低质型梯度发展效果良好，能平滑过渡到低投型梯度的重要方式。

2. 从空间维度分析

本书对三个阶段梯度推进效果分析后，发现各省市推进速度并不相同，长江沿线各段机械电子制造业服务转型梯度差异明显，相比于聚集现象水平较低。我们对不同游段实际状态分析后，具体情况为：下游省市服务转型梯度水平高，推进路径合理性明显，江苏、浙江发展步骤相对稳定，能平滑过渡到高产型梯度中，但上海由于2007年投入量骤增，虽然快速进入高质型梯度，可冗余情况非常明显。中游江西、湖北、湖南发展路径差异不大，基本是维持在低质型、低投型两个梯度内，反复波动现象是导致中间投入增速稳定性不良的原因。其中，江西推进路径合理性最明显，由低投型梯度增加中间投入量时，可以看到生产总值增加的效果，冗余现象也不明显，可实现逐步向高产型梯度推进的目标。上游贵州、云南是低质型区间代表，服务转型水平很高，生产总值增加不够明显，这正是因为生产能力导致无法承接投入量的增加。再来看四川与重庆，都是以低投型向高产型梯度推进的省份，可逐步实现发展目标。

2012年，上海、江苏、浙江都是以高产型梯度为主，要保证长江下游发展效应稳定，可实现服务转型中间投入的增加，这是实现由高产型向高质型梯度推进的前提，并保持平滑状态。中游湖北、江西以低投型梯度为主，湖南、安徽为低质型梯度主体，特别是江西服务业中间投入量快速增加，向高质型梯度发展推进曲线非常平滑，能保持与下游产业合理衔接，可实现服务业中间投入增加，确保低投型梯度能跟随服务转型水平第二梯度。重庆、四川是低投型主体，云贵两省为低质型省份，都要有意识地提升行业生产力，服务转型中间投入量应得到合理控制，这是推进到低投型梯度的重要步骤。

四 长江经济带各类制造业服务转型梯度推进路径设计

本书对 2002 年、2007 年、2012 年三个阶段的轻工业、资源加工业、机械电子制造业等进行服务转型梯度推进情况分析后,认为这种转型水平并非能对行业起到绝对推进作用。这就说明并不一定要在发展服务业的过程中,以服务业中间投入量为唯一增加对象,虽然某些条件下可以实现制造业发展速度提升,但很多时候也会造成行业发展被抑制的现象。根据前文研究结果可知,制造业服务转型梯度基本是以低质、低投、高产、高质为主要类型,一般规律来说,各省市发展过程都是由低向高的,但实际运营时可以通过服务业中间投入增加,实现服务转型水平完成跨越式的进阶发展。本书对各个省市进行时间、空间两个维度的分析后,发现这九省二市的梯度推进路径规律,基本能分为四个大类:(1)正 U 形,这是合理性最强、最健康的路径,对多数省份来说,是服务转型水平推进可选择的基本路径模式;(2)倒 U 形,该路径跨度很大,属于激进推进方式;(3)正 V 形,波动型发展模式,产业结构、行业进展等影响明显,可能在某个标准时会出现反复震荡的现象,一直到平衡状态为止;(4)倒 V 形,同(3)基本属性,在推进过程中各环节特征与正 V 形基本一致。

(一)正 U 形推进路径

由低质型向低投型区间推进时,需要通过服务转型中间投入增加的方式实现,在这一过程中要保持投入量逐渐增加,能确保中间产出边际效益渐渐下落到零,这就是服务转型水平最低点所在。达到这个数值平衡状态时,就不要再盲目提高服务转型中间投入量增速,可通过保持某个增速水平,以平滑趋近方式向工业总产值二分点靠近。如果服务转型水平能以平滑状态向高质型梯度推进时,此时可通过快速增加中间投入量,由此实现跨越式迈进高质型梯度,当达到这个目标时,要保持服务转型水平均值状态,尽量控制其数值过分增加。图 6-10 中实线就是具体推进路径。如果由低质型向低投型梯度发展时,工业总产值量较大且服务转型水平较高,可以维持基本的服务转型水平平滑状态,进入高质型梯度后,通过增加投入量的方式，逐步稳定高质型梯度发展程度，图 6-10 中虚线就是具体过程。这种正 U 形梯度推进路径特征为：曲线最低点与工业总值二分点非常接近，如果曲线弧度增加，表示推进效果更好。经过实践比对可知，当低质型、低投型两种梯度中，存在服务转型水平降低比较平滑现象时，那么曲线随后上升速度会比较缓慢。当然，我们在描述曲线时，不要超出历史降低速率，以平滑状态逐渐向高梯度推进，在稳定到高质型梯度后，通过服务转型水平峰值实现的方式，将服务转型水平控制在较小区间内，即便有波动现象也能被压缩到某个范围。如果降低时曲线相对陡峭，说明达到高产型梯度时，可通过快速提升速度的方式，将服务转型水平进一步优化，这是确保高质型梯度能尽快平稳实现的方法，等到水平峰值达到时，就要开始探索如何保持稳定发展步骤。这种梯度推进路径普适性非常好，对各省市地区的行业发展，有很好的由低向高推进的助力，能在不断调整振荡时找出最优路径，对行业发展来说非常有帮助。

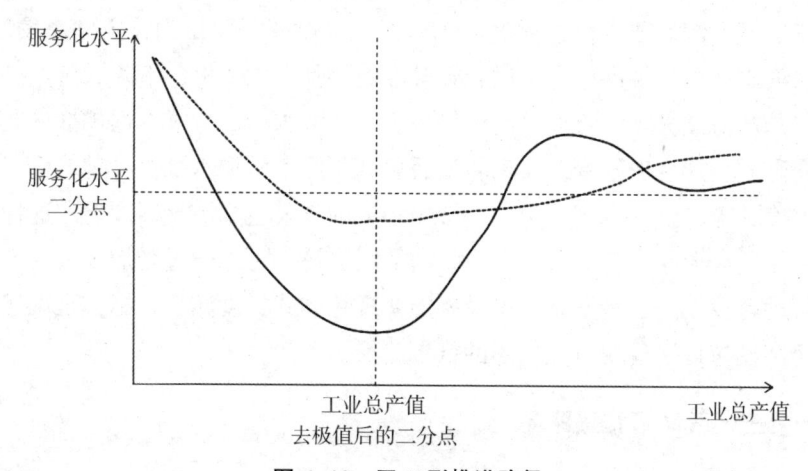

图 6-10 正 U 形推进路径

（二）倒 U 形推进路径

我们对倒 U 形最高点分析后，认为此时已经处于高质型梯度中，要实现对服务转型水平基本投入的稳定，并不需要再次扩大投入量，可以说，如果此时继续盲目增加投入，所得结果很可能就是水平冗余的发生，并不会对行业发展起到推动作用。服务转型水平是实现行业升级的重要动力，可缓慢增加到某个标准值，随后就要严格控制其增量，基本保持在标准水平，不可随意增减，这是实现服务转型水平稳定的重要方式。

图 6-11 中是具体推进路径实现过程。如果倒 U 形梯度推进路径是由低投型向低质型方向发展，这种上升曲线能保持到平滑状态，可以看到清晰的斜率缓慢下降的现象。如果工业总产值经过去极值后，还是能与总值数据比较接近，说明高型梯度可以继续维持服务转型水平增加速度，这是控制水平稳定的基本方式。实际情况下服务转型水平会有波动现象，不可能会一次性达到标准区间，也不会始终维持在某个数值，水平二分点波动现象是常见情况，但幅度基本可控。图 6-11 中虚线就是这种曲线变化过程，能看到一种平滑曲度逐渐发展到高质型梯度的效果。总结倒 U 形梯度推进过程特征，我们发现该曲线峰值与工业总产值二分点非常接近，弧度大说明推进效果好。以低质型梯度区间来说，这是一种完全上升状态的模式，曲线平滑，达到高质型梯度后就应该以控制服务转型水平增量的方式维持成果，如果继续盲目投入可能会造成水平下降的情况。而曲线降低时会产生小于上升曲度的斜率，达到 0 时就说明高质型梯度服务转型水平最优值实现，随后要维持这种水平速率，可以保证行业得到稳定健康发展。如果处于低质型梯度中，可以看到升降趋势都非常平滑，下降后落点接近工业总产值二分点，可通过继续保持服务转型水平的方式，逐步推进低质型向高质型梯度的转变。实现转型后再利用服务转型水平投入量的稳定增加，确保上升速度合理稳定，以缓慢趋近的方式达到平衡标准点。这种方法适用于产业结构完整、生产力强的地区经济，可以通过增加投入的方式来带动行业发展，特别是技术投入能实现跨越式梯度转型目标，是现代中国经济发达地区省份重点应用的推进路径。

（三）正 V 形推进路径

这种推进路径是经历低质型、低投型梯度波动振荡以后，可实现服务转型中间投入稳定增加的方式，维持服务转型水平向平均值回归，该过程中能看到数值与工业总产值二分点逐步接近。在达到这个效果最优值时，可适当将服务转型水平保持住，这是实现低投型向高产型梯度平滑转移的前提，随后可快速增加中间投入量，确保高质型梯度能快速进入。对这种服务转型水平保持稳定时，实现高质型梯度以后，可通过高产型、高质型两种梯度间数据振荡波动，由此实现最终平衡效果的达成。图 6-12 中实线部分就是该过程的描述。如果正 V 形最低点以低质型梯度为区间，我们发现在曲线上升时可以通过服务转型投入增加来实现，这是向高质型梯

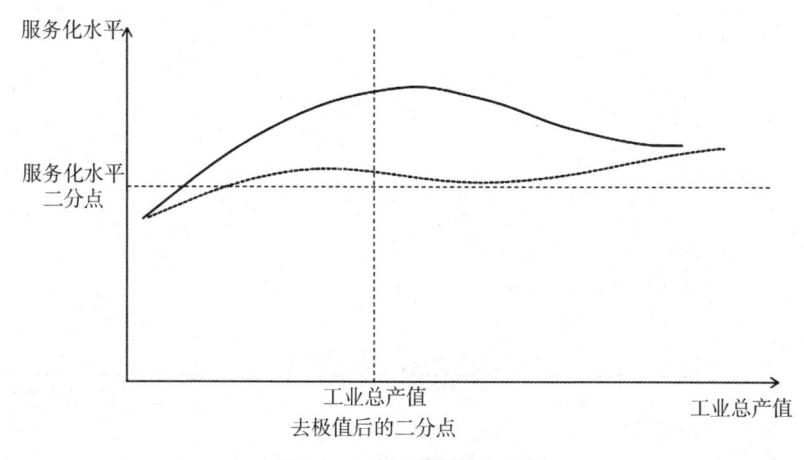

图 6-11 倒 U 形推进路径

度跨越式发展的前提。另外，在已经实现高质型梯度时，要对服务转型高水平合理控制，无须再次增加中间投入量，只要保持最优水平状态即可，这是实现梯度稳定发展的重要保证。图 6-12 中虚线解释的是这一过程。对正 V 形梯度推进路线特征总结后，主要是本身服务型水平波动振荡频繁，且振幅较大，但波动情况是以逐渐减缓在变化，由低质型向低投型推进时，初期波动频率最高，甚至出现梯度反复横跳的现象，但是一旦成功进入高质型梯度，服务转型水平均值会成为振荡标准中心，并逐步回归到该数值。如果正 V 形由低质型向高质型直接推进，说明服务转型水平很高，但工业生产总值低，可以在推进时注重服务转型水平持续增加，确保水平发展稳定性。如果正 V 形是经过低质型、低投型梯度反复震荡后，才实现高质型推进目标，可通过服务转型水平逐步增加的方式，保证高质型梯度保持在某个平稳状态。由此可见，这种正 V 形发展路径适用于跨越式推进，缺点是稳定性不足，波动振荡等无法避免，要实现平衡只能等待波动幅度逐渐缩小。

（四）倒 V 形推进路径

这种梯度推进过程，主要是因为前期行业生产能力有限，服务转型中间投入量快速增加，会带来曲线骤增的现象，但随后会进入服务转型中间投入控制阶段，基本以低质型、低投型两个梯度为振荡波动空间。这种结构最低点出现时机，基本是某种服务转型水平得到控制后，下一步就是对投入量缓慢增加，可将其控制到低投型梯度内，增长趋势非常缓慢，工业

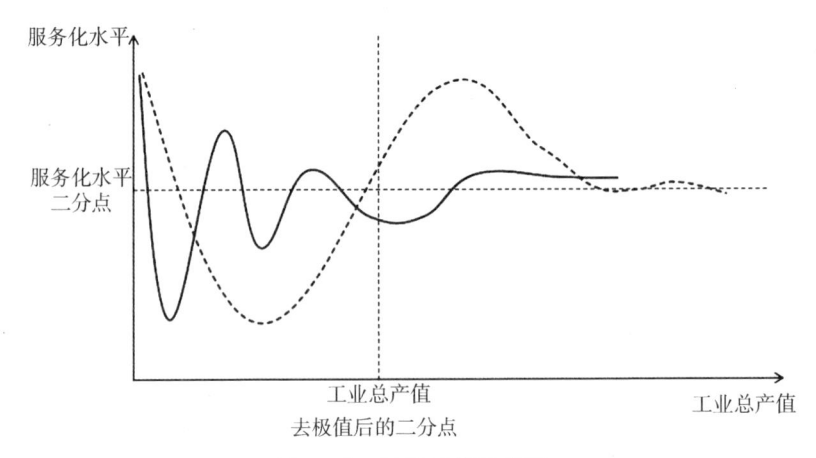

图 6-12　正 V 形推进路径

总产值二分点逐步接近，说明服务转型中间投入会渐渐增加。经过平滑增长变化可知，这种倒 U 形是由低投型向高产型、高质型梯度逐渐发展，图 6-13 中实线展示的就是这种过程，低投型梯度如果尚未达到工业总产值二分点，说明可以通过服务转型中间投入增加的方式来提升推进效果。但是，我们对实际情况分析后，发现这种方式会带来另一个严重后果，就是造成推进区间在低质型、低投型间来回震荡。如果能尽量选择距离二分点更近的位置，服务转型投入量的增加能实现向高质型梯度的推进，可是推进结果并不稳定，波动现象非常频繁，且波动幅度是以缓慢降低为特征，达到平衡状态时间较长。由此可见，服务转型中间投入逐步降低可对这种情况予以合理控制，经过多次尝试确定相对稳定投入速率，经过数次震荡可实现高质型梯度的稳定性。图 6-13 中虚线指的就是经过平稳发展后的变化情况。对倒 V 形梯度推进路线特征分析后，发现其服务转型水平波动情况非常明显，振幅呈现逐步减缓状态，虽然推进初期能看到明显的低质型、低投型波动现象，但一旦进入高质型梯度，经历一段时间的震荡以后达到服务转型水平均值，并最终会回归到该值。如果倒 V 形降低速率增加，落点距离工业生产总值二分点位置比较远，可适当放缓服务转型中间投入量的增加，能确保正 U 形可作为高投型、高产型梯度推进路径。我们再对两种曲线模式分析后，发现倒 V 形相比于正 U 形曲线，推进路径有明显陡峭的特征，快速向高产型梯度推进后，可实现服务转型水平波动的合理控制。这是保证推进效果稳定的重要方式。再来看倒 V 形降低速率很快这一情况，且距离工业生产总值二分点比较近，可通过服务转型中间投入快速增加的方式,将其尽快推送到高投型梯度内,并将服务转型水平增速合理控制,这是放缓增速的基本手段,可以看到阶段性服务转型水平骤增骤减现象。服务转型水平在两个梯度中来回震荡,经过一段时间的寻找可以将最优服务转型水平判断出来,此时能达到一个平衡关系。综合来说,倒V形梯度推进路径对生产能力较低地区比较适用,工业生产总值不能达到某个水平,不提倡大力增加服务转型中间投入量,要在控制投入量稳定的前提下,快速提升服务转型水平。这对于跨越式发展事宜地区来说非常适用,可以很好地控制服务转型中间投入过程,避免盲目投入导致工业总产值受到负影响,对减少投入冗余来说很重要。经过震荡反复后,我们能看到推进过程能自动推举出某个标准值,这是确定最优服务转型水平的具体步骤,对本书研究内容来说,是实现梯度推进效果得以保持的基本原则。

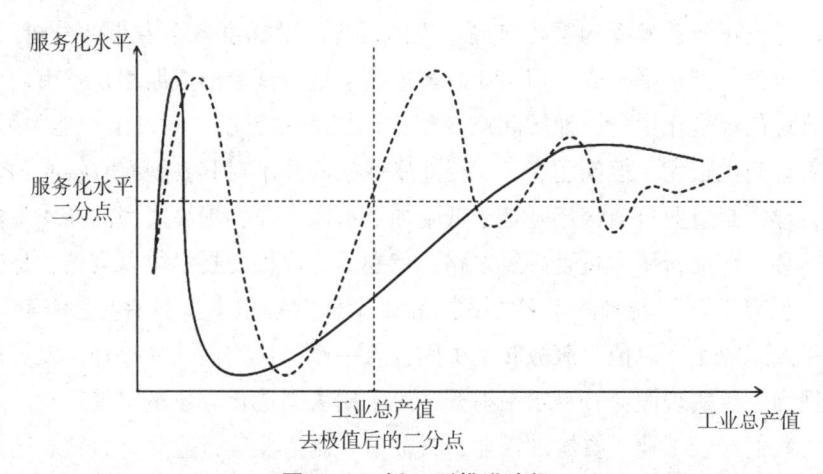

图 6-13 倒 V 形推进路径

本书对各类服务转型梯度推进路径进行分析后,认为基本原则之一,就是实现服务转型投入稳定增长,保持平滑状态,由低梯度向高梯度推进,因为增加服务转型中间投入,可以实现转型梯度跨越式发展,但要注意不能随意盲目增加投入量,要保持投入速率,并在达到某个梯度后,保持稳定状态进入新的梯度中。这是避免因为服务转型投入冗余造成工业总产值抑制作用的重要前提,为跨越式服务转型提供稳定发展的保障环境。工业总产值处于较低值时,服务转型水平边际效益能对其产生负影响,如果是平均值上下浮动时,影响会逐渐转正,总值较大时,二者间影响愈发淡化,这就是服务转型水平最优解状态。

(五) 制造业服务转型梯度推进 "三步走" 发展策略

本书对制造业梯度推进分析过程中，将不同梯度推进路径明确化以后，发现正处于低质型梯度的省份在服务转型方面水平偏高，但工业生产总值还是非常有限，造成这种情况的根源就是各个省市制造业生产能力不足，服务转型边际投入要比工业生产总值边际产出高出很多。这就是服务转型投入冗余现象出现的原因。由此可见，这些省市要进一步发展的步骤就是提高行业生产力，以技术和产业结构为发展重点，不要单纯增加服务转型中间投入，要以多元整体共同发展为目标。再来看低投型梯度省市，顾名思义，工业生产总值、服务转型水平都处于较低状态，该阶段服务转型边际投入要明显低于工业生产总值边际产出，可见服务转型投入增加对工业总产值增长来说有很好的推动作用，要将中间投入稳定化处理，这就是服务业正效益发挥的重要前提。我们对高产型梯度各个省市的分析后，发现服务转型水平不高，但工业总产值高，这一现象形成原因是省市内已有合理的规模化生产，地域间产业聚集作用非常明显，不仅生产能力强，发展空间也很大。但问题在于，行业发展核心技术对其发展有直接制约现象，导致制造业价值链还是处于低附加值状态，要实现高产型向高质型梯度转移，增加科研力量是必经之路，特别是行业核心技术得以突破，是改变"世界工厂"名号的重要方式。高质型梯度省市本身具有高服务转型水平及工业生产总值，服务转型中间投入—产出比均衡关系很好，发展稳定性强，要实现服务转型水平提升，可采用去制造化方法来实现。

我们对轻工业、资源加工业、机械电子制造业等行业分析后，总结其服务转型推进路径，并对长江经济带沿线各个省市服务转型梯度发展实际情况进行分析，本书对制造业服务转型梯度推进，提出"三步走"发展策略，具体包括：第一步，利用上中游低质型省份正 V 形、倒 V 形两种推进路径，向着低投型梯度发展，由此来实现该区域内制造业均衡发展；第二步，中游低投型梯度各个省份，发展方向以正 U 形高产梯度为主，这就是发挥中下游产业承接作用的标志；第三步，中下游低质型、低投型梯度省份，在产业结构相对完整状态下，选择工业生产总值较高时段，利用倒 U 形来完成跨越式路径发展，方向为高质型梯度，对于下游高产型梯度省份来说，正 V 形推进路径能实现高质型梯度转型，这就是产业创新的重要举措。本书根据具体推进路径，总结出具有实践性的对策方案。

由此本书对长江经济带制造业服务转型梯度推进研究出发点设定为如下几个：

（1）中上游低质型省市。这部分省市的作用是要将中下游优质产业承接，并同时带动特色产业发展，提高行业生产率。具体可总结为三个层面：一是借助长江流域地理优势，推动流域要素流动，因为上游地区有重庆、四川，中游有湖北、安徽两省，打造核心带来完成对长江城市群体的辐射，并以此向中上游进行区域一体化发展，打造区域间联动关系。网络格局以立体化建设为主要目标，出发点以交通网络构建、能源共享、基础信息建设等为主，强化各区域间物流运输能力管理，并实现信息流动能力提升，对中上游先进技术下移来说很有帮助，能推动优质资本及技术向下游转移。二是推进中下游特色产业创新速度，将产学研一体化作为提升制造业生产力推动作用的动力，这是确保劳动密集型产业向技术、资本密集型发展的前提。三是以政策倾斜来带动中上游产业关系构建，按照地区经济发展实际情况，吸引优质资本入驻行业空间，为大型企业带头作用发展提供新的环境，这就是以先进生产力来打造特色市场；政府重大决策应该以上中游地区为参考标准，将地区产业优势充分发挥，对中上游绿色产业发展提供帮助。

（2）中下游低投型、高能型省市。通过核心技术制约的突破，能实现现代服务业的进一步提升。具体表现有：一是淘汰陈旧硬件设备，以高科技设备来提高生产力，以科研、技术投入增加为主要方向，通过自主研发来实现生产力发展核心升级，这是改善技术依赖现象，实现技术创新，建立独立知识产权的重要过程。二是将现代服务业作用充分发挥，现代社会处于完全网络连接状态，制造业服务转型形态呈现多重衍生变化，可通过高新技术来推动服务业、制造业融合，产业链两端都能同步得到制造业的流动衍生。三是打造本土企业品牌市场环境，将高新区、工业园区作为发展出发点，将产学研一体化力量充分发挥，这是实现高科技自主研发的前提，对机械装备、电子科技、通用设备等都有很好的促进作用，对产业集群影响力扩张很有帮助。四是通过发展绿色生态制造业来降低工业污染程度，对生产集群区的空气、水体、森林、矿产等生态环境予以合理保护。

（3）下游高产型省市。通过对全球化制造业发展进程的梳理，我们认为应该进一步强化高端产业环境优化，利用"去制造化"转移成效，实现价值链水平的提升。具体做法包括：一是通过产业结构升级来完成布局结构的合理化效果，通过制造业、服务业、高新技术产业等的融合，将产业结构再次优化，这就是将价值链中本身附加值高的环节积极发展，并对低附加值环节合理地转移扬弃，完成向低成本劳动力国家产业转移。二是要通过对全球贸易的积极响应，将国际先进技术、优质资本共同渗透到高端制造业中，为新能源产业快速发展提供新的发展环境，这是确保国际产业合作得以完成的重要前提，也是实现国际产业结构优化的方式。三是要鼓励本土企业向国际市场发展，以海外投资、并购等方式，为大型跨国公司建立和发展提供帮助，这是以全球市场为范围，在分公司、各职能部门、生产研发中心等之间建立全球化供应链关系。四是以技术密集型发展为方向，通过产业结构调整与优化来扶持新的技术研发，并以出口力度增强的方式引进优质资本，这就是以技术扩张的方式推动本土品牌国际化的具体过程。

第七章

长江经济带制造业服务转型对企业绩效的影响研究

一 研究假设

在制造业企业服务转型对其绩效的影响方面,学者们的意见各有不同,主要意见及结论有如下三种:

(一)制造业企业服务转型促进了企业绩效

Vandermerwe 和 Rada (1988) 在早期的研究中认为制造业企业的服务转型能实现企业产品的价值增值,从而在市场竞争中脱颖而出,实现企业整体利润率的提升。[①] Watanabe 和 Hur (2004) 在对日本电器制造业的经营实际进行调查研究后得出制造业企业服务转型的程度与企业价值之间存在同向变动关系的结论。[②] Brax (2005) 通过对制造业企业的实证研究发现,与制造业务相比,服务业务为企业所能带来的利润率更大,且业务生命周期更长,可在降低企业经营风险的同时提升企业整体绩效。[③] 姜铸、李宁 (2015) 在咨询管理学专家和对企业进行调研的同时,对我国西安地区制造业企业进行了问卷调查。通过整理收回的调查问卷和分析问卷数

[①] Vandermerwe S., Rada J., "Servitization of Business: Adding Value by Adding Services", *European Management Journal*, Vol. 6, No. 4, 1988.

[②] Watanabe C., Hur J. Y., "Firms Strategy in Shifting to Service-oriented Manufacturing: The Case of Japan's Electrical Machinery Industry", *Journal of Services Research*, April-September, 2004.

[③] Brax S., "A Manufacturer Becoming Service Provider-challenges and a Paradox", *Journal of Service Theory & Practice*, Vol. 15, No. 2, 2005.

据，得出制造业服务转型能正向促进企业整体绩效的结论。① 此外，胡查平、汪涛（2013）的研究也为制造企业服务转型与经营绩效之间存在显著正相关的线性关系这一结论提供了理论支撑。②

（二）制造业企业服务转型抑制了企业绩效

Oliva 和 Kallenberg（2003）认为企业在进行服务转型的同时，实际经验的不足、人力成本的上升、可能存在的经营风险和消费者需求的变动等因素都可能降低企业的经营绩效。③ Neely（2008）也通过研究指出，在制造业企业中，有服务转型战略的制造业企业的经营绩效比无服务转型战略的制造业企业差，同时还指出实施过服务转型战略的制造业企业的破产率比未实施过服务转型战略的制造业企业更高。④

基于以上两点各学者研究结论，提出研究假设 H1：制造业企业的服务转型对其绩效有线性的促进或抑制作用。

（三）制造业企业服务转型对企业绩效的影响并非线性的促进或抑制关系，而是非线性关系

Reinartz 和 Ulaga（2008）与江积海、沈艳（2016）等均认为服务转型促进企业绩效的前提是该行业发展较为成熟，而成熟行业中企业在开展服务转型业务后，初期的服务业务利润水平因服务业务发展还未成型，能为企业整体绩效所能贡献的利润率较低，而随着服务业务的持续开展，服务业务所创造的价值逐步增加，而到产品生命周期中的衰退期时，服务业务所能创造的价值也随之减少，因此服务转型对绩效的影响是 U 形曲线。⑤⑥ 王

---

① 姜铸、李宁：《服务创新、制造业服务化对企业绩效的影响》，《科研管理》2015 年第 36 期。

② 胡查平、汪涛：《制造业服务提供中的社会技术能力及其对企业绩效的影响》，《中国科技论坛》2013 年第 1 期。

③ Kallenberg R., Oliva R., "Managing the Transition from Product to Services", *Journal of Service Industry Management*, Vol. 14, No. 2, 2003.

④ Neely A., "Exploring the Financial Consequences of the Servitization of Manufacturing", *Operations Management Research*, Vol. 1, No. 2, 2008.

⑤ Reinartz W., Ulaga W., "How to Sell Services More Profitably", *Harvard Business Review*, Vol. 86, No. 5, 2008.

⑥ 江积海、沈艳：《服务型商业模式中价值主张创新对价值共创的影响机理——特锐德的案例研究》，《科技进步与对策》2016 年第 33 期。

丹、郭美娜（2016）通过对上海市制造业上市公司的研究也发现制造业企业的服务转型对其绩效为 U 形影响。[①] 陈洁雄（2010）通过对比分析中美两国制造业企业的经营实际，发现服务转型对中国企业的经营绩效的影响为倒 U 形曲线，而对美国制造企业的经营绩效则为线性促进。[②] Kastalli 和 Looy（2013）对北欧制造业企业的研究发现企业服务转型对企业绩效的影响为马鞍形曲线走势。[③] 李靖华等（2015）对我国企业的研究均发现，随着企业服务转型的逐渐加深，服务转型对企业绩效的影响为"先上升，后下降，再上升"的马鞍形曲线走势，即在制造企业中，初期服务业务的开展能提升企业的整体绩效，而随着服务业务的不断开展，服务业务对企业整体绩效的促进会达到最大值，企业在此期间若不对服务业务进行更新与改革，服务业务对绩效的影响会出现颓势，即服务业务对企业整体绩效的影响会降低，而企业对服务业务进行更新与改革后，服务业务又能在原有基础上进一步提升整体绩效。[④] 而肖挺等（2014）则通过对我国食品制造业、纺织品制造业、电子信息设备制造业和交通工具制造业四大行业细分研究的基础上得出了企业的服务转型对其绩效的影响各不相同的结论，企业的制造业服务转型对其绩效的影响可能为 U 形和马鞍形中的一种，其具体表现则取决于企业所在行业的特性。[⑤] 其中线形、U 形、倒 U 形和马鞍形曲线如图 7-1 所示。

基于以上各学者研究结论，提出研究假设 H2 和假设 H3。

假设 H2：制造业企业的服务转型对其绩效存在着 U 形或倒 U 形曲线影响；

假设 H3：制造业企业的服务转型对其绩效存在着马鞍形曲线的影响。

[①] 王丹、郭美娜：《上海制造业服务化的类型、特征及绩效的实证研究》，《上海经济研究》2016 年第 5 期。

[②] 陈洁雄：《制造业服务化与经营绩效的实证检验——基于中美上市公司的比较》，《商业经济与管理》2010 年第 222 期。

[③] Kastalli I. V., Looy B. V., "Servitization: Disentangling the Impact of Service Business Model Innovation on Manufacturing Firm Performance", *Journal of Operations Management*, Vol. 31, No. 4, 2013.

[④] 李靖华、马丽亚、黄秋波：《我国制造企业"服务化困境"的实证分析》，《科学学与科学技术管理》2015 年第 6 期。

[⑤] 肖挺、聂群华、刘华：《制造业服务化对企业绩效的影响研究——基于我国制造企业的经验证据》，《科学学与科学技术管理》2014 年第 35 期。

图 7-1　线形、U 形及马鞍形曲线

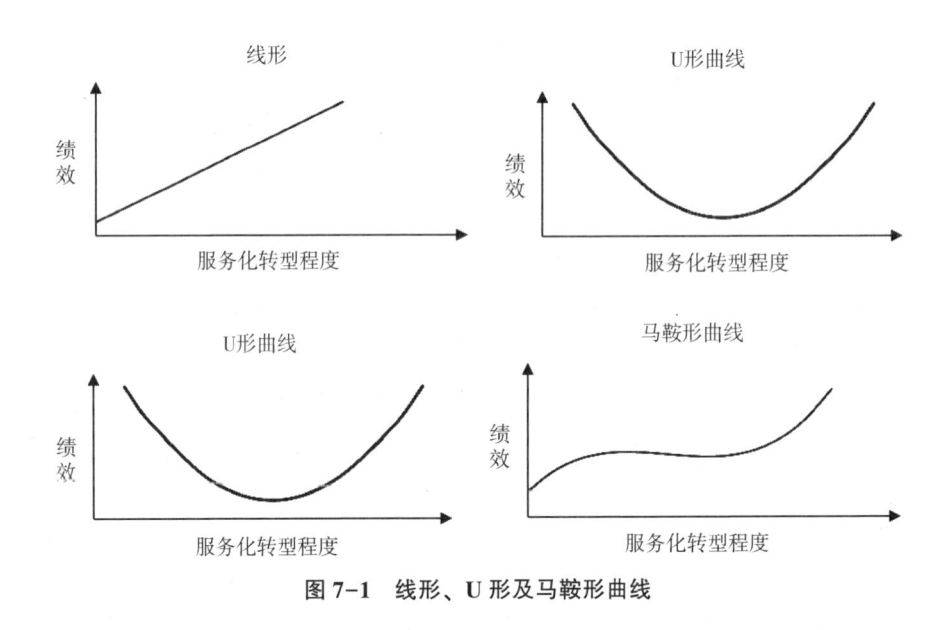

(四) 制造业企业服务转型发展中存在着"拐点",即行业内企业只有在达到或超过拐点后才能获得发展或竞争上的优势

根据产业进化论学者 Agarwal 和 Echambadi (1992) 的研究理论,制造企业服务转型发展的初期,因资源配置与实际经验限制,制造企业所能为消费者提供的服务项目较少,且服务深度较浅,消费者对服务项目的接受程度也不高。[①] Agarwal 在对计算机行业研究的基础上提出了"两阶段流程"理论,即服务业务能力的培养阶段和壮大阶段。企业在服务业务能力的培养阶段向消费者提供与产品相配套的咨询、金融和售后等服务,当消费者逐渐接纳企业提供的服务项目后,随着服务业务能力的逐渐壮大,以服务业务为辅助来提升产品竞争力,抢占市场并获得更高收益。

随着企业服务转型程度的不断提升,服务业务项目的数量与质量均在不断地经营与发展中进行改善与更新。根据产品生命周期理论,在产品发展到达成熟期后,经营不善与产品竞争力较弱的企业逐步从行业中退出,产业集中度进一步提升。在此阶段中市场的竞争侧重点已从产品的竞争转移到了"产品+服务"的竞争,企业通过采取"产品+服务"的多元化经

---

① Agarwal R., Echambadi S. R., "The Conditioning Effect of Time on Firm Survival: An Industry Life Cycle Approach", *The Academy of Management Journal*, Vol. 45, No. 5, 2002.

营策略,通过资源整合与配置调整抢占市场份额,并进一步提升企业利润率。

综上所述,研究认为制造业在服务转型经营的同时,在发展过程中存在"服务转型—绩效"平衡点,即在制造企业的实际经营中,只有当服务转型程度达到或超过此平衡点才能对企业整体绩效产生积极促进作用,且推论已被 Reinartz 和 Ulaga(2008)[1] 以及肖挺等(2014)[2] 学者证实。

基于此,提出研究假设 H4:不同类型制造业企业服务转型对其绩效的影响不同,企业在达到最佳服务转型与绩效的平衡点不同。

二 模型建立及变量选取

根据研究实际,分析制造业与服务业融合发展对企业绩效的影响要从各属性及特质不同的产业类别出发,在对各制造行业进行归类与划分的基础上进行实际研究。产业组织理论将产品细化为特定的市场,并结合细化市场中的产业结构、企业间的相互联系与竞争等行为关系来分析细分市场的实际运行状况。而在实际研究中被使用最多的分析框架则是 SCP 分析模型。

以下根据前文研究综述与研究框架,基于 SCP 范式理论来建立研究模型。根据 SCP 模型分析图,模型逻辑为外部环境的变化会对行业结构产生影响,其影响可能为行业内竞争程度的加强或降低,产品需求的增加或减少和细分市场的变化等;企业行为是指引行业结构的改变,行业内企业针对行业结构的变化而可能出台的对应策略,如企业在实际经营中的招聘或裁员,公司股份的变化或管理人员的更替等;经营绩效则是指在企业具体行为的实施下,企业在实际经营中其产品市场份额占比、经营成本和营业收入等方面的变化。其中结果变量为企业绩效指标,前因变量为制造业服务转型程度指标,控制变量为 SCP 范式理论中的行业机构指标和企业行为指标。根据 SCP 模型所建立的模型及选取的变量指标如下:

---

[1] Reinartz W., Ulaga W., "How to Sell Services More Profitably", *Harvard Business Review*, Vol. 86, No. 5, 2008.

[2] 肖挺、聂群华、刘华:《制造业服务化对企业绩效的影响研究——基于我国制造企业的经验证据》,《科学学与科学技术管理》2014 年第 35 期。

（一）结果变量

研究涉及 2012—2017 年长江经济带制造业各行业上市公司的经营绩效，上市公司年报数据中可供选择的用以测度经营绩效的指标较多，在此使用最常用以综合反映企业利润水平的数据指标净资产收益率（ROE）来衡量上市公司绩效。

（二）前因变量

因研究探讨的是服务转型对于企业绩效的影响，研究的前因变量为前文所提到的制造业服务转型程度（Level of Service，LOS）。考虑到研究所设置的假设，服务转型程度与企业绩效之间可能存在的非线性与复杂的线性关系，研究构建服务转型程度的平方项（LOS^2）和立方项（LOS^3）来探讨服务转型程度对于不同行业上市公司的绩效影响。

（三）控制变量

基于 SCP 范式来选取模型合适的企业行为及行业结构控制变量，因过多的控制变量可能存在的共线性问题，在变量相关性检验的基础上对各个变量进行了筛选，经筛选后以最重要的两个变量为企业行为及行业结构控制变量。

1. 企业行为控制变量

用以企业行为的指标较多，诸如产品的产能、营销费用的增减和内部效率的提升等均能衡量企业行为，但若在数据化的基础上进行研究，企业规模是较为科学、合理、可获得的指标。在企业规模方面，研究选取企业员工数量（Number of Employees，NE）为企业规模的观测指标，因各上市公司人数众多，且部分差异较大，因此，为保证数据的合理性，研究在实际计算过程中取其自然对数值来进行计算。

2. 行业结构控制变量

行业集中度是最常被用以衡量行业结构的指标，且其计算方式简单、研究数据较易获得。但行业集中度其内在逻辑为行业内规模最大的前数位企业的某些特征值（例如销售总额或产品产量等）在整个市场中的占比，而根据研究实际，若某行业或地域中企业数量较少，则不适用行业集中度来测算行业结构。又因我国国有及国有控股企业的存在，行业集中度从市场竞争方面讲，并不能完全适用于所有行业的行业结构测算。

从我国市场经济发展的实际情况出发，国有及国有控股企业在该行业内所占比重越小，影响市场发展的非经济因素就越小，该行业的市场化程度越高。因此，研究以国有及国有控股企业在该行业内所占比重（Proportion of State-owned Enterprises，PSE）作为行业结构的测算指标。其计算公式如式（7-1）所示。

$$PSE = \frac{行业\ i\ 中国有及国有控股企业销售总额}{行业\ i\ 中整体销售总额} \times 100\%$$

(7-1)

因服务转型对绩效的影响可能受行业结构因素和企业行为因素的影响，构建服务转型程度与企业行为的交互项（LOS×NE）和服务转型程度与行业结构的交互项（LOS×PSE）来分别反映行业结构、企业行为和服务转型程度与企业绩效间关系的影响作用。

根据汪芳、潘毛毛的研究，因企业实际经营中前期绩效可能对当期企业经营发展产生的影响，产业间的融合对企业绩效的影响存在一定的滞后性，[①] 模型中引入结果变量 ROE 的滞后项 $ROE_{i,t-1}$。经营基于 SCP 范式，结合以上指标建立模型，模型的数学表达式如式（7-2）所示。

$$\begin{aligned}ROE_{i,t} =\ & \beta_0 + \beta_1 ROE_{i,t-1} + \beta_2 LOS_{t,t} + \beta_3 LOS_{i,t}^2 + \beta_4 LOS_{i,t}^3 + \beta_5 InNE_{i,t} \\ & + \beta_6 LOS_{i,t} \times InNE_{i,t} + \beta_7 PSE_{i,t} + \beta_8 LOS_{i,t} \times PSE_{i,t} + \mu\end{aligned}$$

(7-2)

式中 i 代表对应企业，t 代表对应年份，β_n（n=0，1，…，8）为各变量对应系数，μ 为误差项。

肖挺等指出，企业服务转型与其经营绩效间并非影响与被影响的单一关系，两者之间的影响是相互的，企业的服务转型影响着其经营绩效，而企业的经营绩效也能反过来制约或促进企业的服务转型。[②③] 例如某制造业上市公司在开展服务业务后促进了企业绩效的增长，而企业整体绩效的增长又推动服务业务规模的扩大。因方程可能存在内生性问题，选择工具

[①] 汪芳、潘毛毛：《产业融合、绩效提升与制造业成长——基于1998—2011年面板数据的实证》，《科学学研究》2015年第33期。

[②] 肖挺、蒋金法：《全球制造业服务化对行业绩效与全要素生产率的影响——基于国际投入产出数据的实证分析》，《当代财经》2016年第6期。

[③] 肖挺：《"服务化"能否为中国制造业带来绩效红利》，《财贸经济》2018年第3期。

变量来进行实证分析是较好的解决方法之一，但合适的工具变量在大多数时间都是可遇不可求的，不当的工具变量会对模型回归结果的一致性造成较大破坏。系统 GMM（SYS-GMM）和差分 GMM（DIF-GMM）是除工具变量外较好的解决方法。研究使用系统 GMM（SYS-GMM）和差分 GMM（DIF-GMM）方法分别对模型进行了回归分析，其中系统 GMM 较差分 GMM 分析结果更好，研究在采用系统 GMM（SYS-GMM）方法的基础上，使用 STATA14.0 软件对模型进行了实证分析，具体回归结果如下文所示。

三 实证分析结果

（一）描述性分析

长江经济带上游、中游、下游描述性分析结果如表 7-1 所示，7 类制造行业及长江经济带总体描述性分析如表 7-2 所示。

表 7-1　　　　长江经济带上游、中游、下游描述性分析

区域 变量	长江经济带上游				长江经济带中游				长江经济带下游			
	Mean	Std. Dev.	Min	Max	Mean	Std. Dev.	Min	Max	Mean	Std. Dev.	Min	Max
ROE%	5.97	18.40	-177.41	175.11	6.36	9.13	-63.92	62.98	7.36	9.33	-86.13	70.86
LOS%	12.55	21.16	0.00	87.53	7.33	16.26	0.00	95.18	8.31	16.08	0.00	96.89
lnNE	8.12	1.24	4.51	11.25	7.94	1.09	3.26	10.82	7.67	1.11	4.30	20.79
PSE%	16.16	7.18	1.17	29.77	16.85	7.46	1.17	29.77	17.15	7.53	1.17	29.77
N	450				834				2136			

表 7-2　　　　7 类制造行业及长江经济带总体描述性分析

行业 变量	食品饮料制造业				纺织服装制造业			
	Mean	Std. Dev.	Min	Max	Mean	Std. Dev.	Min	Max
ROE%	9.00	13.76	-63.92	53.46	6.57	8.89	-54.97	45.58
LOS%	4.04	11.91	0.00	94.86	15.18	26.09	0.00	91.96
lnNE	8.15	1.22	3.26	11.25	8.16	0.88	5.58	10.12
PSE%	6.95	0.42	6.43	7.52	1.39	0.16	1.17	1.60
N	204				210			

续表

行业 变量	石油化工制造业				医药制造业			
	Mean	Std. Dev.	Min	Max	Mean	Std. Dev.	Min	Max
ROE%	7.05	9.27	-68.78	46.36	9.57	8.65	-37.02	65.86
LOS%	9.11	16.79	0.00	87.53	19.77	24.69	0.00	95.18
ln*NE*	7.51	0.97	5.43	10.00	7.95	1.16	5.63	20.79
PSE%	24.81	3.35	20.01	29.77	8.93	1.07	7.87	10.91
N	612				384			
	金属非金属制造业				机械仪表制造业			
ROE%	4.83	18.66	-177.41	175.11	6.66	8.79	-86.13	62.98
LOS%	6.33	12.79	0.00	88.01	6.56	13.80	0.00	96.89
ln*NE*	7.96	1.22	4.51	10.95	7.71	1.14	4.30	20.18
PSE%	19.20	2.40	16.09	22.62	21.12	1.03	19.87	22.76
N	408				1290			
	电子制造业				长江经济带总体			
ROE%	6.32	9.08	-43.96	38.04	6.94	10.93	-177.41	175.11
LOS%	5.58	11.16	0.00	67.33	8.76	17.10	0.00	96.89
ln*NE*	7.76	1.18	5.16	11.03	7.79	1.13	3.26	20.79
PSE%	8.62	0.30	8.27	9.11	16.98	7.47	1.17	29.77
N	312				3420			

因长江经济带上游、中游、下游、长江经济带总体及7类制造行业服务转型程度已在前面章节予以分析，在此不再讨论变量 LOS 的描述性分析结果。根据表7-1和表7-2数据显示，长江经济带总体平均净资产收益率为6.94%，且长江经济带上游、中游和下游的净资产收益率随着地理位置的变化呈逐步升高趋势。而在7大制造行业方面，医药制造业的平均净资产收益率独占鳌头，食品饮料制造业和石油化工制造业则紧随其后。剩余4类制造业的平均净资产收益率均低于总体平均水准，按照由大至小的顺序排列则为机械仪表制造业、纺织服装制造业、电子制造业和金属非金属制造业。且金属非金属制造业平均净资产收益率是4.83%，为7大制造行业中最低。

在企业的平均规模方面，长江经济带上游、中游、下游企业平均规模指标值依次递减，而长江经济带总体企业平均规模指标值为7.79，其中长江经济带上游与中游企业平均规模指标值均大于平均水准，长江经济带下游企业平均规模指标值低于平均水准。在 7 大制造行业方面，电子制造业、机械仪表制造业和石油化工制造业企业平均规模指标值小于平均水准，且以机械仪表制造业企业平均规模指标值为最低；在其他 4 类制造行业中，纺织服装制造业企业平均规模指标值为 8.16，为所有行业最大，且纺织服装制造业和食品饮料制造业企业平均规模指标值相近，金属非金属制造业和医药制造业企业平均规模指标值相近。

与企业行为指标值相反，在行业结构指标方面，长江经济带上游、中游、下游企业平均行业结构指标值依次递增，以长江经济带下游平均行业结构指标值为最大，而长江经济带总体平均行业结构指标值为 16.98%，也仅有长江经济带下游平均行业结构指标值超过平均水准。在制造业各细分行业方面，石油化工制造业平均行业结构指标值为 24.81%，为所有行业中最大，也即在石油化工制造业方面，国有及国有控股企业产值在行业中产值占比为所有制造业中最大，而机械仪表制造业和金属非金属制造业平均行业结构指标值低于石油化工制造业而高于平均水准。除以上 3 个行业外，剩下 4 个行业平均行业结构指标值均远低于总体平均水准，且以纺织服装制造业平均行业结构指标值为最低，仅为 1.39%，即在纺织服装制造业中，国有及国有控股企业产值仅占全行业产值 1.39%。

（二）长江经济带上、中、下游实证分析及"服务转型—绩效"分析

因长江经济带上游、中游、下游、7 类制造行业及长江经济带总体描述性分析已在前面章节中进行，本章节对仅列示除描述性分析之外的其他实证分析过程及结果，具体实证结果分析数据如下所示。

1. 相关性检验

长江经济带上游、中游、下游各变量相关性检验如表 7-3、表 7-4 和表 7-5 所示。

表 7-3　　　　　　　长江经济带上游各变量相关性检验

变量	相关系数及显著性	ROE	LOS	NE	PSE	VIF	1/VIF
ROE	相关系数	1					
	显著性						

续表

变量	相关系数及显著性	ROE	LOS	NE	PSE	VIF	1/VIF
LOS	相关系数	-0.0832**	1			1.00	0.997182
	显著性	0.0394					
lnNE	相关系数	0.1287***	0.1167**	1		1.01	0.991119
	显著性	0.0063	0.0132				
PSE	相关系数	-0.1057**	-0.7551***	-0.0807*	1	1.01	0.993219
	显著性	0.0249	0.0000	0.0875			
Mean VIF						1.01	

注：*、**、***分别表示10%、5%、1%显著性水平。

表7-4　　　　　　　长江经济带中游各变量相关性检验

变量	相关系数及显著性	ROE	LOS	NE	PSE	VIF	1/VIF
ROE	相关系数	1.0000					
	显著性						
LOS	相关系数	-0.1080***	1.0000			1.08	0.926099
	显著性	0.0018					
lnNE	相关系数	0.2113***	-0.1242***	1.0000		1.02	0.981235
	显著性	0.0000	0.0003				
PSE	相关系数	0.7866***	-0.2384***	-0.0723**	1.0000	1.06	0.939937
	显著性	0.0000	0.0000	0.0369			
Mean VIF						1.05	

注：**、***分别表示5%、1%显著性水平。

表7-5　　　　　　　长江经济带下游各变量相关性检验

变量	相关系数及显著性	ROE	LOS	NE	PSE	VIF	1/VIF
ROE	相关系数	1.0000					
	显著性						
LOS	相关系数	-0.9147***	1.0000			1.01	0.98609
	显著性	0.0000					
lnNE	相关系数	0.2072***	0.0681***	1.0000		1.04	0.96164
	显著性	0.0000	0.0017				

续表

变量	相关系数及显著性	ROE	LOS	NE	PSE	VIF	1/VIF
PSE	相关系数	-0.6821***	-0.1075***	-0.1899***	1.0000	1.05	0.95495
	显著性	0.0000	0.0000	0.0000			
Mean VIF						1.03	

注：*** 表示 1% 显著性水平。

根据表 7-3、表 7-4 和表 7-5 数据可得：

①对长江经济带上、中、下游总体制造业而言，主解释变量制造企业服务转型程度（LOS）与其净资产收益率（ROE）均呈显著负相关性。

②在企业行为指标方面，企业规模（NE）与其净资产收益率（ROE）均呈显著正相关性，即随着企业规模的扩大，企业净资产收益率呈增加的趋势。而长江经济带上、中、下游企业规模指标对企业服务转型程度（LOS）的影响各不相同，其中长江经济带中游制造业企业规模与服务转型呈显著负相关，即随着企业规模的增大，企业在实际经营中服务转型的进程会停滞或减弱，而对上游与下游则呈显著正相关，即企业在实际经营中服务转型的进程会随着企业规模的增大而加强。

③在行业结构指标方面，国有及国有控股企业在行业中所占比重（PSE）与长江经济带上游和下游企业的净资产收益率（PSE）显著负相关，即国有及国有控股企业在行业中所占比重的增大会降低长江经济带上游和下游企业净资产收益率；而对长江经济带中游企业则为显著正相关，即国有及国有控股企业在行业中所占比重的增大会促进长江经济带中游企业净资产收益率。在企业服务转型与行业结构方面，长江经济带上、中、下游均呈现出显著负相关性，即行业内国有及国有控股企业所占比重的增大会抑制企业的服务转型与企业规模扩张进程。

④经多重共线性检验可得前因变量和控制变量的方差膨胀因子（VIF）均小于 10，平均 VIF 值均小于 1.05，表明前因变量和控制变量在模型中不存在多重共线性，能有效保证回归质量。

2. 平稳性检验

因前文提到的研究使用的指标数据可能存在的时间序列非平稳性，在回归分析前需对模型中变量进行平稳性检验以避免伪回归的出现。研究对公式（7-1）中各变量进行了平稳性检验。其中长江经济带上游、中游、下游各变量平稳性检验如表 7-6、表 7-7、表 7-8 所示。

表 7-6　　　　　长江经济带上游各变量平稳性检验

变量	ADF 值	1%	5%	10%	伴随概率	结论
ROE	-6.81789	-3.44489	-2.86785	-2.57019	0.0000	平稳
ROE（-1）	-6.78621	-3.44492	-2.86786	-2.5702	0.0000	平稳
LOS	-8.7402	-3.44472	-2.86777	-2.57015	0.0000	平稳
LOS^2	-10.0643	-3.44472	-2.86777	-2.57015	0.0000	平稳
LOS^3	-10.841	-3.44472	-2.86777	-2.57015	0.0000	平稳
lnNE	-5.294	-3.44489	-2.86785	-2.57019	0.0000	平稳
LOS×lnNE	-8.44639	-3.44472	-2.86777	-2.57015	0.0000	平稳
PSE	-3.51542	-3.44489	-2.86785	-2.57019	0.0000	平稳
LOS×PSE	-8.27496	-3.44469	-2.86776	-2.57015	0.0000	平稳

表 7-7　　　　　长江经济带中游各变量平稳性检验

变量	ADF 值	1%	5%	10%	伴随概率	结论
ROE	-14.4659	-3.96912	-3.41523	-3.12982	0.0000	平稳
ROE（-1）	-14.4668	-3.96913	-3.41523	-3.12982	0.0000	平稳
LOS	-11.0888	-3.96911	-3.41522	-3.12981	0.0000	平稳
LOS^2	-10.0683	-3.96913	-3.41523	-3.12982	0.0000	平稳
LOS^3	-11.0367	-3.96913	-3.41523	-3.12982	0.0000	平稳
lnNE	-9.45827	-3.96911	-3.41522	-3.12981	0.0000	平稳
LOS×lnNE	-10.9205	-3.96911	-3.41522	-3.12981	0.0000	平稳
PSE	-4.43005	-3.96919	-3.41526	-3.12984	0.0000	平稳
LOS×PSE	-14.4572	-3.96911	-3.41522	-3.12981	0.0000	平稳

表 7-8　　　　　长江经济带下游各变量平稳性检验

变量	ADF 值	1%	5%	10%	伴随概率	结论
ROE	-19.61053	-3.96239	-3.41193	-3.12787	0.0000	平稳
ROE（-1）	-19.60513	-3.96239	-3.41194	-3.12787	0.0000	平稳
LOS	-12.28105	-3.96239	-3.41194	-3.12787	0.0000	平稳
LOS^2	-11.70133	-3.96239	-3.41194	-3.12787	0.0000	平稳
LOS^3	-11.52516	-3.96239	-3.41194	-3.12787	0.0000	平稳

续表

变量	ADF 值	1%	5%	10%	伴随概率	结论
lnNE	-15.29382	-3.96238	-3.41193	-3.12787	0.0000	平稳
LOS×lnNE	-16.07201	-3.96238	-3.41193	-3.12787	0.0000	平稳
PSE	-3.554615	-3.96242	-3.41195	-3.12788	0.0000	平稳
LOS×PSE	-18.14043	-3.96238	-3.41193	-3.12787	0.0000	平稳

根据表 7-6、表 7-7、表 7-8 所示平稳性检验结果，模型中长江经济带上、中、下游各指标所采用的数据均通过了水平状态下的平稳性检验，符合平稳要求，能有效保证模型回归质量。

3. 回归分析

长江经济带上、中、下游系统 GMM 回归分析结果如表 7-9 所示。

表 7-9　　长江经济带上、中、下游系统 GMM 回归分析

变量	上游	中游	下游
$ROE_{i,t-1}$	-0.681***	0.207***	0.305***
	(0.000)	(0.000)	(0.000)
LOS	11.053***	0.778*	2.046**
	(0.000)	(-0.073)	(0.030)
LOS^2	-8.630***	3.255***	5.690**
	(0.000)	(0.000)	(0.019)
LOS^3	-4.980***	-3.424***	-4.569**
	(0.008)	(0.000)	(0.032)
lnNE	0.254***	0.023*	0.005
	(0.000)	(0.075)	(0.694)
LOS×lnNE	-0.928***	-0.277***	0.053
	(0.000)	(0.000)	(0.571)
PSE	0.631**	-0.305***	0.006
	(0.025)	(0.000)	(0.957)
LOS×PSE	-0.854	4.659***	0.464
	(0.440)	(0.000)	(0.602)
cons	-2.157***	0.063*	0.043*
	(0.000)	(0.057)	(0.068)

续表

变量	上游	中游	下游
AR（1）	0.038	0.008	0.001
AR（2）	0.585	0.708	0.255
Sargan Test	0.28	0.167	0.31
N	450	834	2136

注：①括号中数值为对应各系数数值的伴随概率，*、**、*** 分别表示10%、5%、1%显著性水平；②AR（1）和 AR（2）分别为模型是否存在一阶、二阶自相关的 Arellano-Bond 检验统计量的 P 值；③Sargan 检验统计量是模型中工具变量有效性检验值；下同。

根据表7-9回归结果数据，可得到如下结论：

①从主解释变量 LOS 看，长江经济带上、中、下游的 LOS、LOS^2、LOS^3 指标回归项均呈显著相关性，在 LOS^3 项方面，长江经济带上、中、下游均为显著负相关；在 LOS^2 项方面，长江经济带上游为显著负相关，长江经济带中游与下游则为显著正相关；而在 LOS 项方面，长江经济带上、中、下游均为显著正相关。即长江经济带上、中、下游制造业服务转型对企业绩效的影响为马鞍形曲线走势，符合假设 H3。

②在控制变量方面，从企业行为（lnNE）指标看，除去企业规模对企业绩效影响不显著的长江经济带下游制造业企业外，长江经济带上游及中游企业规模对企业绩效的影响均为显著正相关。即对于长江经济带下游而言，企业规模的变化对企业绩效无显著影响，而对长江经济带上游和中游而言，企业绩效随着企业规模的扩大而提升。

从行业结构（PSE）指标看，除去国有及国有控股企业在行业中占比对企业绩效无显著影响的长江经济带下游外，上游为显著正相关，中游为显著负相关。即对于长江经济带下游而言，国有及国有控股企业在行业中所占比重对企业绩效无显著影响，对于长江经济带上游而言，随着国有及国有控股企业在行业中占比的增大，企业绩效也随之提升，而对于长江经济带中游而言，国有及国有控股企业在行业中占比的增大对企业绩效的增长为抑制作用。

③从交互项看，在制造业服务转型与企业行为的交互项（LOS×NE）方面，长江经济带上游和中游均为显著负相关，而长江经济带下游回归结果不显著。结果表明长江经济带下游制造业企业在扩大企业规模的同时提升服务转型程度对企业净资产收益率并无显著影响；而对长江经济

带上游和中游制造业企业而言，企业在扩大企业规模的同时提升服务转型程度则会对企业净资产收益率产生负面影响。

在制造业服务转型与行业结构的交互项（LOS×PSE）方面，只有长江经济带中游回归结果为显著正相关，而长江经济带上游和下游回归结果均不显著。结果表明对于长江经济带中游制造业企业而言，各企业随着行业内国有及国有控股企业占比的提升的同时扩张服务转型业务能有效提升企业绩效，而对于长江经济带上游和下游制造企业而言，各企业随着行业内国有及国有控股企业占比的提升的同时扩张企业服务转型业务的经营行为对企业绩效并无显著影响。

4. 长江经济带上、中、下游"服务转型—绩效"分析

根据表 7-9 回归结果可绘制长江经济带上、中、下游制造业"服务转型—绩效"曲线图，其中 U 形曲线和马鞍形曲线的极值点可分别通过求导得出，其中 U 形曲线极值点求导公式如式 7-3 所示，马鞍形曲线极值点求导公式如式 7-4 所示，具体求导公式如下：

$$\frac{\partial ROE}{\partial LOS} = \beta_1 + \beta_2 LOS \qquad (7\text{-}3)$$

$$\frac{\partial ROE}{\partial LOS} = \beta_1 + 2\beta_2 LOS + 3\beta_3 LOS^2 \qquad (7\text{-}4)$$

根据求导公式对各行业进行求导计算可得长江经济带上、中、下游制造业服务转型对企业绩效影响的"服务转型—绩效"曲线形状与波峰拐点和波谷拐点。结果如表 7-10 所示：

表 7-10　　长江经济带各流域"服务转型—绩效"曲线拐点

行业	上游	中游	下游
曲线形状	马鞍形	马鞍形	马鞍形
波峰拐点	45.85%	73.66%	98.22%
波谷拐点	−161.37%	−10.28%	−15.20%

根据表 7-10 计算结果，长江经济带上、中、下游制造业企业服务转型对其绩效的影响均为马鞍形曲线走势，曲线有着波峰和波谷两个拐点，且不同地理位置流域的拐点均不相同，即不同地理位置制造业企业服务转型程度对其绩效的影响不同，最佳服务转型程度与绩效的平衡点也不同，

符合假设 H4。根据计算结果可绘制长江经济带上、中、下游制造业"服务业融合度—绩效"走势图，如图 7-2、图 7-3、图 7-4 所示：

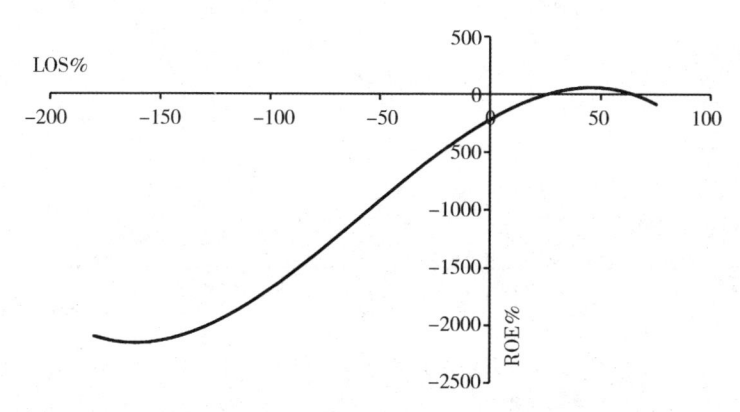

图 7-2　长江经济带上游制造业"服务转型—绩效"曲线

根据图 7-2 长江经济带上游制造业"服务转型—绩效"曲线显示，长江经济带上游制造业企业服务转型对其绩效的影响为马鞍形曲线走势，曲线波谷拐点横坐标为-161.37%，波峰拐点横坐标为 45.85%。因在实际经营中企业服务转型最低程度为 0，因此纵坐标左侧并无实际意义。而曲线与横坐标轴的交点分别为 25.19% 和 65.21%，即对长江经济带上游企业而言，只有在企业服务转型程度大于 25.19% 或小于 65.21% 时，企业服务转型对企业绩效才有正向的促进作用，在小于 25.19% 或大于 65.21% 时企业的服务转型对绩效的影响为负面抑制作用，且企业服务转型程度达到 45.85% 时对绩效的促进作用最大。

根据图 7-3 长江经济带中游制造业"服务转型—绩效"曲线显示，长江经济带中游制造业企业服务转型对其绩效的影响为马鞍形曲线走势，曲线波谷拐点横坐标为-10.28%，波峰拐点横坐标为 73.66%，且曲线与横坐标轴并无交点。即对长江经济带中游制造企业而言，企业服务转型对企业绩效为恒定的正向促进作用，且当企业服务转型为 73.66% 时能发挥对企业绩效的最大促进作用。

根据图 7-4 长江经济带下游制造业"服务转型—绩效"曲线显示，长江经济带下游制造业企业服务转型对其绩效的影响为马鞍形曲线走势，曲线波谷拐点横坐标为-15.20%，波峰拐点横坐标为 98.22%，且曲线与纵坐标轴交点的纵坐标为 4.3%，即长江经济带下游制造业"服务转型—

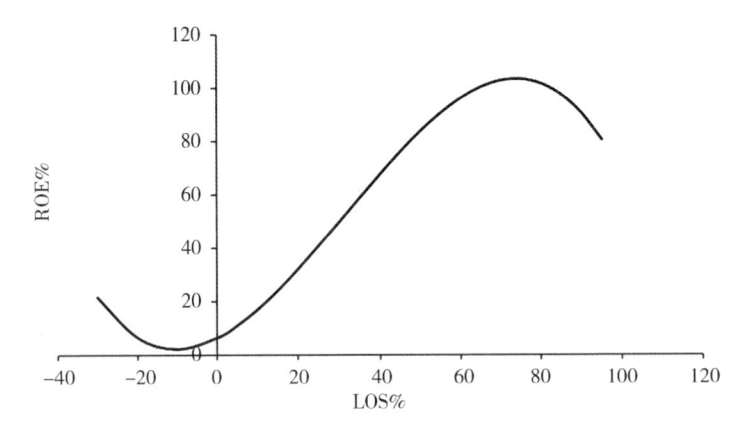

图 7-3　长江经济带中游制造业"服务转型—绩效"曲线

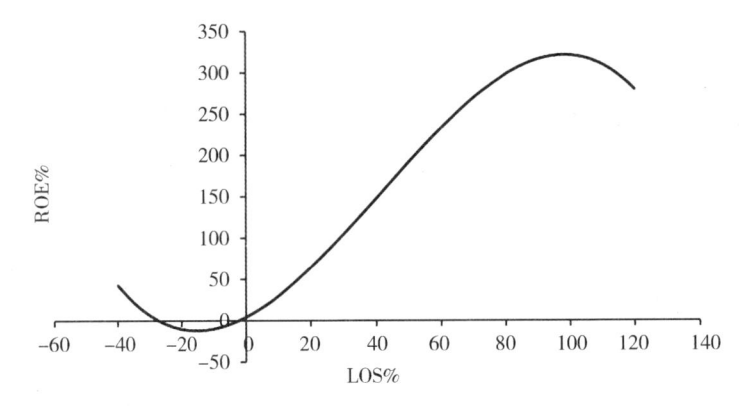

图 7-4　长江经济带下游制造业"服务转型—绩效"曲线

绩效"曲线与长江经济带中游制造业"服务转型—绩效"曲线类似，企业服务转型对企业绩效为恒定的正向促进作用，而与长江经济带中游制造业"服务转型—绩效"曲线不同的是，长江经济带下游制造业"服务转型—绩效"曲线的波峰拐点横坐标为 98.22%，即对长江经济带下游制造业企业而言，在服务转型程度达到 98.22% 前，服务转型对企业绩效恒为递增的促进作用。

(三) 长江经济带各制造行业实证分析及"服务转型—绩效"分析

1. 相关性检验

长江经济带各制造行业各变量相关性分析如表 7-11 至表 7-17 所示。

表 7-11　　　　长江经济带食品饮料制造业各变量相关性检验

变量	相关系数及显著性	ROE	LOS	NE	PSE	VIF	1/VIF
ROE	相关系数	1.0000					
	显著性						
LOS	相关系数	-0.2539***	1.0000			1.15	0.873238
	显著性	0.0002					
lnNE	相关系数	0.3513***	-0.3515***	1.0000		1.14	0.876418
	显著性	0.0000	0.0000				
PSE	相关系数	0.1434**	-0.2486***	0.1913***	1.0000	1.00	0.995749
	显著性	0.0407	0.0003	0.0061			
Mean VIF						1.10	

注：**、***分别表示5%、1%显著性水平。

表 7-12　　　　长江经济带纺织服装制造业各变量相关性检验

变量	相关系数及显著性	ROE	LOS	NE	PSE	VIF	1/VIF
ROE	相关系数	1.0000					
	显著性						
LOS	相关系数	-0.1979***	1.0000			1.06	0.944459
	显著性	0.0040					
lnNE	相关系数	0.2938***	-0.2356***	1.0000		1.06	0.944361
	显著性	0.0000	0.0006				
PSE	相关系数	-0.2357***	0.2760***	-0.3845***	1.0000	1.00	0.999721
	显著性	0.0006	0.0001	0.0000			
Mean VIF						1.04	

注：***表示1%显著性水平。

表 7-13　　　　长江经济带石油化工制造业各变量相关性检验

变量	相关系数及显著性	ROE	LOS	NE	PSE	VIF	1/VIF
ROE	相关系数	1.0000					
	显著性						
LOS	相关系数	-0.1269***	1.0000			1.06	0.940986
	显著性	0.0017					

续表

变量	相关系数及显著性	ROE	LOS	NE	PSE	VIF	1/VIF
lnNE	相关系数	0.1109***	0.2362***	1.0000		1.06	0.941761
	显著性	0.0060	0.0000				
PSE	相关系数	0.0684*	-0.0725*	-0.0666*	1.0000	1.01	0.992153
	显著性	0.0910	0.0731	0.0998			
Mean VIF						1.04	

注：*、*** 分别表示10%、1%显著性水平。

表7-14　长江经济带医药制造业各变量相关性检验

变量	相关系数及显著性	ROE	LOS	NE	PSE	VIF	1/VIF
ROE	相关系数	1.0000					
	显著性						
LOS	相关系数	-0.1226**	1.0000			1.05	0.955108
	显著性	0.0162					
lnNE	相关系数	0.2769***	0.2072***	1.0000		1.05	0.956107
	显著性	0.0000	0.0000				
PSE	相关系数	0.1159**	-0.0878*	-0.3750***	1.0000	1.00	0.996216
	显著性	0.0231	0.0858	0.0000			
Mean VIF						1.03	

注：*、**、*** 分别表示10%、5%、1%显著性水平。

表7-15　长江经济带金属非金属制造业各变量相关性检验

变量	相关系数及显著性	ROE	LOS	NE	PSE	VIF	1/VIF
ROE	相关系数	1.0000					
	显著性						
LOS	相关系数	0.6338***	1.0000			1.00	0.999472
	显著性	0.0000					
lnNE	相关系数	0.0931*	-0.6569***	1.0000		1.00	0.999312
	显著性	0.0601	0.0000				
PSE	相关系数	0.1098**	0.6225***	-0.8029***	1.0000	1.00	0.999829
	显著性	0.0265	0.0000	0.0000			
Mean VIF						1.00	

注：*、**、*** 分别表示10%、5%、1%显著性水平。

表 7-16　　　　长江经济带机械仪表制造业各变量相关性检验

变量	相关系数及显著性	ROE	LOS	NE	PSE	VIF	1/VIF
ROE	相关系数	1.0000					
	显著性						
LOS	相关系数	-0.0643**	1.0000			1.01	0.991701
	显著性	0.0209					
lnNE	相关系数	0.2209***	-0.0909***	1.0000		1.01	0.991539
	显著性	0.0000	0.0011				
PSE	相关系数	0.0634**	0.0681***	-0.0501**	1.0000	1.00	0.999767
	显著性	0.0227	0.0000	0.0722			
Mean VIF						1.01	

注：**、***分别表示5%、1%显著性水平。

表 7-17　　　　长江经济带电子制造业各变量相关性检验

变量	相关系数及显著性	ROE	LOS	NE	PSE	VIF	1/VIF
ROE	相关系数	1					
	显著性						
LOS	相关系数	0.1185**	1			1.02	0.981546
	显著性	0.0364					
lnNE	相关系数	0.1595***	0.1026*	1		1.03	0.969379
	显著性	0.0047	0.0704				
PSE	相关系数	0.1474***	0.1346**	0.1741***	1	1.05	0.953439
	显著性	0.0091	0.0173	0.002			
Mean VIF						1.03	

注：*、**、***分别表示10%、5%、1%显著性水平。

根据表 7-11 至表 7-17 数据可得：

①对长江经济带各制造行业企业而言，主解释变量（LOS）与净资产收益率（ROE）均显著相关，其中金属非金属制造业和电子制造业企业服务转型与企业绩效为显著正相关，而其他5类制造业则为显著负相关。

②在企业行为指标方面，企业规模（NE）与其净资产收益率（ROE）均呈显著正相关，即随着企业规模的扩张，企业净资产收益率呈提高的趋势。而各制造行业企业规模指标对企业服务转型程度（LOS）的

影响各不相同，其中食品饮料制造业、纺织服装制造业、金属非金属制造业和机械仪表制造业企业规模与企业服务转型呈显著负相关，而石油化工制造业、医药制造业和电子制造业企业规模与企业服务转型呈显著正相关。即对食品饮料制造业、纺织服装制造业、金属非金属制造业和机械仪表制造业企业而言，企业规模的扩大会抑制企业的服务转型，而对石油化工制造业、医药制造业和电子制造业企业而言，企业规模的扩大则会促进企业的服务转型进程。

③在行业结构指标方面，除去纺织服装制造业外，国有及国有控股企业在行业中所占比重（PSE）与长江经济带另外6类制造业企业的净资产收益率（PSE）均为显著正相关，即国有及国有控股企业在行业中所占比重的增大会抑制纺织服装制造业内企业净资产收益率的增长，而对于另外6类制造业企业而言，国有及国有控股企业在行业中所占比重的增大则会促进业内企业净资产收益率的提高。在企业服务转型与行业结构方面，食品饮料制造业、石油化工制造业和医药制造业均呈显著负相关，即此3类制造业中国有及国有控股企业在行业中所占比重的增大会抑制企业的服务转型进程，而在其他4类制造业中则相反。在企业规模与行业结构方面，仅食品饮料制造业和电子制造业为显著正相关，其余5类制造业均为显著负相关。即在食品饮料制造业和电子制造业中，国有及国有控股企业在行业中所占比重的增大，业内企业的平均规模也随之增大，而在其他5类制造行业中，国有及国有控股企业在行业中所占比重的增大则会减小业内企业的平均规模。

④经多重共线性检验可得前因变量和控制变量的方差膨胀因子（VIF）均小于10，平均VIF值均小于1.10，表明前因变量和控制变量在模型中不存在多重共线性，能有效保证回归质量。

2. 平稳性检验

长江经济带各制造行业及总体各变量相关性分析如表7-18至表7-24所示。

表7-18　　　长江经济带食品饮料制造业各变量平稳性检验

食品饮料	ADF值	1%	5%	10%	伴随概率	结论
ROE	-5.207526	-2.576460	-1.942407	-1.615654	0.0000	平稳
ROE（-1）	-5.241163	-2.576518	-1.942415	-1.615649	0.0000	平稳

续表

食品饮料	ADF 值	1%	5%	10%	伴随概率	结论
LOS	-7.467264	-2.576460	-1.942407	-1.615654	0.0000	平稳
LOS^2	-6.337026	-2.576518	-1.942415	-1.615649	0.0000	平稳
LOS^3	-6.875074	-2.576576	-1.942423	-1.615644	0.0000	平稳
InNE	-4.700008	-3.462574	-2.875608	-2.574346	0.0000	平稳
LOS×InNE	-7.074415	-2.576403	-1.942399	-1.615659	0.0000	平稳
PSE	-6.456200	-2.576556	-1.942463	-1.615701	0.0000	平稳
LOS×PSE	-7.015008	-2.576403	-1.942399	-1.615659	0.0000	平稳

表 7-19　长江经济带纺织服装制造业各变量平稳性检验

纺织服装	ADF 值	1%	5%	10%	伴随概率	结论
ROE	-5.184706	-2.576127	-1.942361	-1.615684	0.0000	平稳
ROE（-1）	-5.193261	-2.576181	-1.942368	-1.615679	0.0000	平稳
LOS	-3.512090	-2.576073	-1.942353	-1.615688	0.0005	平稳
LOS^2	-3.970792	-2.576073	-1.942353	-1.615688	0.0001	平稳
LOS^3	-4.269813	-2.576073	-1.942353	-1.615688	0.0000	平稳
InNE	-5.411030	-3.461630	-2.875195	-2.574125	0.0000	平稳
LOS×InNE	-3.440932	-2.576073	-1.942353	-1.615688	0.0000	平稳
PSE	-3.156156	-2.578173	-1.943553	-1.616088	0.0000	平稳
LOS×PSE	-3.988445	-2.576073	-1.942353	-1.615688	0.0000	平稳

表 7-20　长江经济带石油化工制造业各变量平稳性检验

石油化工	ADF 值	1%	5%	10%	伴随概率	结论
ROE	-12.427990	-3.973170	-3.417203	-3.130989	0.0000	平稳
ROE（-1）	-12.323410	-3.973195	-3.417215	-3.130996	0.0000	平稳
LOS	-8.755701	-3.973145	-3.417190	-3.130982	0.0000	平稳
LOS^2	-8.705467	-3.973145	-3.417190	-3.130982	0.0000	平稳
LOS^3	-8.007649	-3.973145	-3.417190	-3.130982	0.0000	平稳
NE	-6.563043	-3.973296	-3.417264	-3.131025	0.0000	平稳
LOS×InNE	-8.993081	-3.973145	-3.417190	-3.130982	0.0000	平稳
PSE	-5.945636	-3.973262	-3.417267	-3.131031	0.0000	平稳
LOS×PSE	-9.282963	-3.973145	-3.417190	-3.130982	0.0000	平稳

表 7-21　　　　长江经济带医药制造业各变量平稳性检验

医药	ADF 值	1%	5%	10%	伴随概率	结论
ROE	-11.753320	-3.982201	-3.421600	-3.133590	0.0000	平稳
ROE（-1）	-11.701670	-3.982264	-3.421631	-3.133608	0.0000	平稳
LOS	-7.513246	-3.982264	-3.421631	-3.133608	0.0000	平稳
LOS^2	-8.056456	-3.982264	-3.421631	-3.133608	0.0000	平稳
LOS^3	-8.283184	-3.982264	-3.421631	-3.133608	0.0000	平稳
lnNE	-7.535878	-3.982264	-3.421631	-3.133608	0.0000	平稳
LOS×lnNE	-5.852918	-3.982588	-3.421788	-3.133701	0.0000	平稳
PSE	-4.738442	-3.983245	-3.422241	-3.134187	0.0000	平稳
LOS×PSE	-7.463368	-3.982201	-3.421600	-3.133590	0.0000	平稳

表 7-22　　　长江经济带金属非金属制造业各变量平稳性检验

金属非金属	ADF 值	1%	5%	10%	伴随概率	结论
ROE	-8.547881	-3.980994	-3.421013	-3.133243	0.0000	平稳
ROE（-1）	-8.559722	-3.981051	-3.421041	-3.133259	0.0000	平稳
LOS	-8.344958	-3.980767	-3.420903	-3.133177	0.0000	平稳
LOS^2	-10.328340	-3.980767	-3.420903	-3.133177	0.0000	平稳
LOS^3	-12.413800	-3.980767	-3.420903	-3.133177	0.0000	平稳
lnNE	-4.227397	-3.981109	-3.421069	-3.133276	0.0044	平稳
LOS×lnNE	-7.969939	-3.980767	-3.420903	-3.133177	0.0000	平稳
PSE	-4.194828	-3.981536	-3.421484	-3.133459	0.0000	平稳
LOS×PSE	-9.621317	-3.980767	-3.420903	-3.133177	0.0000	平稳

表 7-23　　　长江经济带机械仪表制造业各变量平稳性检验

机械仪表	ADF 值	1%	5%	10%	伴随概率	结论
ROE	-14.424610	-3.965192	-3.413307	-3.128681	0.0000	平稳
ROE（-1）	-14.417470	-3.965198	-3.413309	-3.128683	0.0000	平稳
LOS	-14.382330	-3.965181	-3.413301	-3.128678	0.0000	平稳
LOS^2	-14.216900	-3.965181	-3.413301	-3.128678	0.0000	平稳
LOS^3	-10.055190	-3.965214	-3.413318	-3.128688	0.0000	平稳
lnNE	-10.625380	-3.965214	-3.413318	-3.128688	0.0000	平稳

续表

机械仪表	ADF 值	1%	5%	10%	伴随概率	结论
LOS×lnNE	-14.833110	-3.965181	-3.413301	-3.128678	0.0000	平稳
PSE	-4.867812	-3.965253	-3.413778	-3.128723	0.0000	平稳
LOS×PSE	-15.140680	-3.965181	-3.413301	-3.128678	0.0000	平稳

表 7-24　　　　长江经济带电子制造业各变量平稳性检验

电子	ADF 值	1%	5%	10%	伴随概率	结论
ROE	-7.261351	-3.987938	-3.424387	-3.135236	0.0000	平稳
ROE（-1）	-7.237444	-3.988036	-3.424435	-3.135264	0.0000	平稳
LOS	-8.594358	-3.987938	-3.424387	-3.135236	0.0000	平稳
LOS^2	-7.244926	-3.988036	-3.424435	-3.135264	0.0000	平稳
LOS^3	-7.931248	-3.988134	-3.424482	-3.135292	0.0000	平稳
lnNE	-5.957415	-3.987841	-3.424340	-3.135208	0.0000	平稳
LOS×lnNE	-6.996929	-3.988036	-3.424435	-3.135264	0.0000	平稳
PSE	-5.113372	-3.988118	-3.424487	-3.135286	0.0000	平稳
LOS×PSE	-8.652314	-3.987938	-3.424387	-3.135236	0.0000	平稳

根据表 7-18 至表 7-24 所示的平稳性检验结果，模型中长江经济带 7 大制造行业各指标所采用的数据均通过了水平状态下的平稳性检验，符合平稳要求，能有效保证模型回归质量。

3. 回归分析

长江经济带各制造行业系统 GMM 回归分析结果如表 7-25 所示。

表 7-25　　　长江经济带 7 类制造行业系统 GMM 模型回归分析

变量	医药制造业	金属非金属制造业	食品饮料制造业	电子制造业	纺织服装制造业	机械仪表制造业	石油化工制造业
$ROE_{i,t-1}$	0.413***	0.658***	0.018*	0.212***	0.234***	0.283***	-0.190***
	(0.000)	(0.000)	(0.086)	(0.000)	(0.000)	(0.000)	(0.000)
LOS	1.920**	6.399***	1.136**	1.171***	0.737*	-1.534*	2.980***
	(0.036)	(0.000)	(0.016)	(0.009)	(0.065)	(0.056)	(0.001)
LOS^2	1.277	-1.051	-1.446*	-4.281***	-1.838***	7.310***	4.409**
	(0.345)	(0.263)	(0.053)	(0.004)	(0.000)	(0.000)	(0.035)

续表

变量	医药制造业	金属非金属制造业	食品饮料制造业	电子制造业	纺织服装制造业	机械仪表制造业	石油化工制造业
LOS³	−1.362	0.557	−0.106	4.770***	1.383***	−5.213***	−6.871**
	(0.286)	(0.512)	(0.840)	(0.003)	(0.000)	(0.000)	(0.014)
lnNE	0.099***	0.111***	0.077***	0.025***	0.329***	0.015*	−0.022
	(0.010)	(0.000)	(0.000)	(0.000)	(0.000)	(0.052)	(0.221)
LOS×lnNE	−0.232***	−0.655***	−0.416***	−0.125**	−0.007	−0.038	−0.604***
	(0.002)	(0.000)	(0.000)	(0.030)	(0.875)	(0.671)	(0.000)
PSE	3.015**	0.918***	−2.743	−0.914*	1.625*	−0.474*	0.105
	(0.034)	(0.000)	(0.131)	(0.534)	(0.051)	(0.061)	(0.426)
LOS×PSE	−3.298	−2.375**	31.320***	34.701***	−9.710**	−1.766	−0.44
	(0.184)	(0.012)	(0.000)	(0.001)	(0.032)	(0.138)	(0.322)
cons	0.023*	0.012***	0.027**	0.067*	0.043***	0.072*	0.039*
	(0.083)	(0.000)	(0.019)	(0.545)	(0.003)	(0.063)	(0.094)
AR(1)	0.01	0.035	0.024	0.041	0.001	0.003	0.002
AR(2)	0.388	0.305	0.364	0.333	0.118	0.779	0.215
Sargan Test	0.56	0.138	0.871	0.406	0.961	0.239	0.584
N	384	408	204	312	210	1290	612

注：*、**、***分别表示10%、5%、1%显著性水平。

根据表7-25回归结果数据，可得到如下结论：

①从主解释变量LOS看，长江经济带7类制造行业中医药制造业与金属非金属制造业在LOS³、LOS²项的回归结果均不显著，且LOS项的回归结果为显著正相关，表明服务转型对此2类制造业企业绩效为正向促进关系，即此2类制造业企业的服务转型对绩效的影响为线性促进型，符合假设H1；而医药制造业的回归结果则为LOS²和LOS项的回归结果显著，LOS³项的回归结果不显著，且LOS²项的回归系数负，LOS项的回归系数为正，即医药制造业服务转型对企业绩效为倒U形影响，即随着服务转型程度的提高，企业绩效呈现出先增加后降低的趋势，符合假设H2；在电子制造业、纺织服装制造业、机械仪表制造业和石油化工制造业方面，此4类制造业LOS³、LOS²和LOS项的回归结果均为显著相关，即此4类制造行业服务转型对企业绩效为马鞍形曲线影响，符合假设H3；根据此4类制造行业的回归系数来看，即电子制造业和纺织服装制造业内企业绩

效随着服务转型程度的逐步提高呈现先增加、后降低、再增加的趋势。而机械仪表制造业和石油化工制造业内企业绩效随着服务转型程度的逐步提高呈现先降低、后增加、再降低的趋势。

②从控制变量企业行为（NE）指标看，除去企业人数对企业绩效影响不显著的石油化工制造业外，其余6类制造业的企业规模变量对业内上市公司绩效影响均为显著正相关。根据上市公司的发展经营实际来看，与较小规模上市公司相比，较大规模上市公司在市场融资和抵抗竞争风险方面有着更大的优势，企业整体绩效应优于较小规模上市公司。而因石油制造业的行业特性使然，短期内企业规模的小幅度变化并不会影响企业的整体绩效。

从行业结构（PSE）指标看，除去国有及国有控股企业在行业中占比对企业绩效无显著影响的食品饮料制造业和石油化工制造业，行业结构指标与医药制造业、金属非金属制造业和纺织服装制造业有显著正相关性，而与电子制造业和机械仪表制造业则为显著负相关。食品饮料制造业中国有及国有控股企业占比远低于制造业平均水准，市场化程度较高，竞争程度较为激烈。而目前石油化工行业中民营资本占据大头，因此国有及国有企业在行业中的占比份额对食品制造业和石油化工制造业企业的经营绩效并无显著影响。在医药制造业、金属非金属制造业和纺织服装制造业方面，因以上三个行业产品整体科技含量不高，且企业的平均规模均大于制造业企业的平均规模，企业在发展初期的资金投入较其他制造行业更多，准入门槛较高。因国有及国有控股企业在政策扶持及贷款融资方面所占有的先天优势，其经营与发展影响着业内的竞争环境。民营、合资或外资企业则只能在国有及国有控股企业的经营范围之外或经营薄弱环节开展其经营业务。国有及国有控股企业的进入能有效提高行业活力，提升行业整体经营绩效。在电子制造业和机械仪表制造业方面，行业形势变化较快，市场竞争较为激烈。而国有企业有着"转型困难、尾大不掉"的管理难题，因此在电子制造业和机械仪表制造业内国有及国有控股企业的加入反而会降低行业整体的经营绩效。

③从交互项看，在服务转型与企业行为的交互项（LOS×lnNE）方面，除去回归结果不显著的纺织服装制造业和机械仪表制造业，其余5个行业均为显著负相关。结果表明对纺织服装制造业和机械仪表制造业企业而言，在扩大企业规模的同时提升企业服务转型程度对企业的整体绩效并

无显著影响。而对医药制造业、金属非金属制造业、食品饮料制造业、电子制造业和石油化工制造业企业而言，在扩大企业经营规模的同时提升企业服务转型程度并不能有效提升企业的整体绩效，反而会降低企业的利润率。

在服务转型与行业结构的交互项（LOS×PSE）方面，只有金属非金属制造业、食品饮料制造业、电子制造业和纺织服装制造业回归结果显著，其中食品饮料制造业和电子制造业的交互项系数为正，金属非金属制造业和纺织服装制造业交互项系数为负。结果表明在食品饮料制造业和电子制造业方面，随着国有资本占比的提升，行业内企业可通过扩张原有服务业务规模或开发服务业务的方式来提升企业经营绩效。而对金属非金属制造业和纺织服装制造业而言，随着行业内市场化程度的降低，行业内企业想通过增大服务转型程度来提升经营绩效并不是一个明智的选择。

4. 长江经济带各制造行业"服务转型—绩效"分析

根据表7-25回归结果绘制长江经济带7类制造行业服务业转型程度与企业绩效的关系走势图，其中U形曲线和马鞍形曲线的极值点可分别通过求导公式（7-3）和（7-4）求导得出。根据求导公式对各行业进行求导计算可得长江经济带各制造业服务转型对企业绩效影响的"服务转型—绩效"曲线形状与波峰拐点和波谷拐点。因医药制造业和金属非金属制造业的服务转型对其业内企业绩效为线性促进型，即此2类制造业服务转型与其业内企业绩效的关系为直线型，并无波峰与波谷拐点，在此只列示除医药制造业与金属非金属制造业外的其他5类制造业波峰与波谷拐点计算结果。详细结果如表7-26所示：

表7-26　长江经济带5类制造行业"服务转型—绩效"曲线拐点

行业	食品饮料制造业	电子制造业	纺织服装制造业	机械仪表制造业	石油化工制造业
曲线形状	倒U形	马鞍形	马鞍形	马鞍形	马鞍形
波峰拐点	39.28%	21.16%	30.66%	81.44%	65.02%
波谷拐点		38.67%	57.94%	12.04%	-22.24%

根据表7-26显示结果，长江经济带食品饮料制造业企业服务转型对其绩效的影响为倒U形曲线走势，曲线有波峰拐点，且其拐点横坐标为39.28%。而电子制造业、纺织服装制造业、机械仪表制造业和石油化工

第七章 长江经济带制造业服务转型对企业绩效的影响研究　　141

制造业企业服务转型对其绩效的影响则为马鞍形曲线走势，且不同制造行业波峰与波谷拐点横坐标均不相同，即不同制造行业企业服务转型对其绩效的影响不同，最佳服务转型程度与绩效的平衡点也不同，符合假设 H4。根据表 7-25 和表 7-26 计算结果可绘制长江经济带各制造业企业服务转型对其绩效影响的"服务转型—绩效"曲线，如图 7-5 至图 7-11 所示。

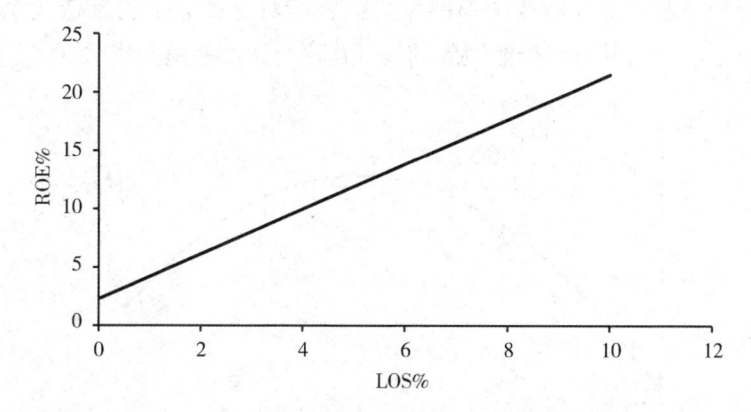

图 7-5　长江经济带医药制造业"服务转型—绩效"

根据图 7-5 显示，长江经济带医药制造业企业在未开展服务转型业务时行业净资产收益率为 2.30%，而随着服务业务的开展、服务转型程度的提高，企业净资产收益率也随之增大，且增大的趋势为线性，即对长江经济带医药制造业内企业而言，服务业务的开展与服务转型的提升能有效促进其企业绩效。

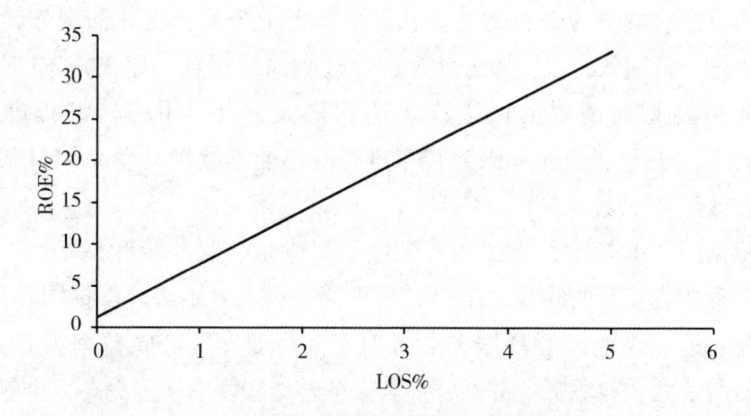

图 7-6　长江经济带金属非金属制造业"服务转型—绩效"

根据图 7-6 显示，长江经济带金属非金属制造业企业在未开展服务转型业务时行业净资产收益率为 1.20%，且金属非金属制造业企业服务转型和绩效的关系与长江经济带医药制造业相似，即随着服务业务的开展、服务转型程度的提高，企业净资产收益率也随之增大，且增大的趋势为线性提升。而根据图 7-6 与图 7-7 中直线斜率来看，金属非金属制造业图形斜率较医药制造业图形斜率更大，即对金属非金属制造业企业而言，服务业务的开展对企业绩效的提升作用较医药制造业更大。

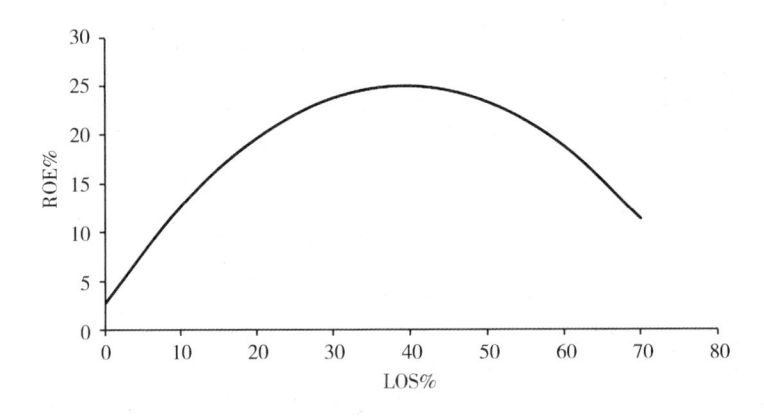

图 7-7 长江经济带食品饮料制造业"服务转型—绩效"曲线

图 7-7 是图 7-5 至图 7-11 中唯一一个倒 U 形曲线，即在长江经济带 7 类制造行业中，仅食品饮料制造业企业服务转型对其绩效的影响为倒 U 形走势。根据图 7-7 显示，当食品饮料制造业企业未开展服务业务时，行业净资产收益率为 2.70%，而在开展服务业务后，企业的服务转型能有效促进经营绩效，且当服务转型程度达到曲线拐点，即 39.28% 时，企业的服务转型对绩效的促进作用达到最大，而当服务转型程度超过 39.28% 后，持续推进企业服务转型进程并不能继续提升食品饮料制造业企业绩效。

根据图 7-8 显示，长江经济带电子制造业"服务转型—绩效"曲线为马鞍形曲线，其曲线呈先上升、后下降、再上升走势。根据图形显示，在电子制造业企业未开展服务业务时，其行业净资产收益率为 6.70%，而随着行业内企业服务业务的开展与服务转型程度的逐步提高，企业绩效也随之增长。在到达波峰拐点 21.16% 后，持续的服务转型会短期抑制企业净资产收益率的增长，而在服务转型程度到达波谷拐点 38.67% 后，电

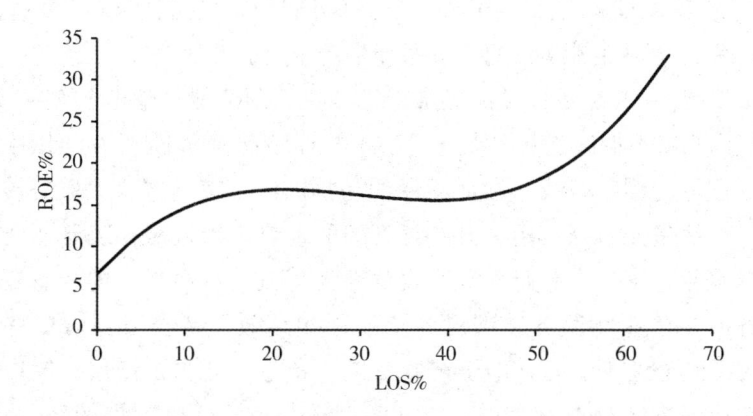

图 7-8　长江经济带电子制造业"服务转型—绩效"曲线

子制造业企业又可以通过持续推进服务转型进程的经营方式来带动企业绩效的进一步增长。

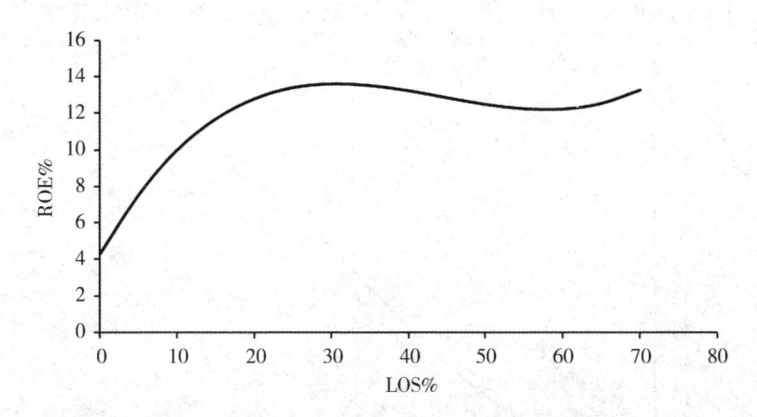

图 7-9　长江经济带纺织服装制造业"服务转型—绩效"曲线

根据图 7-9 显示，长江经济带纺织服装制造业"服务转型—绩效"曲线与电子制造业"服务转型—绩效"曲线相同，曲线均呈先上升、后下降、再上升的马鞍形曲线走势。与电子制造业"服务转型—绩效"曲线不同的是，因行业属性使然，纺织服装制造业"服务转型—绩效"曲线与纵坐标的交点坐标值为 4.30%，较电子制造业略小。而在服务转型对企业绩效的影响方面，纺织服装制造业企业随着服务业务的开展与服务转型程度的提高，企业净资产收益率也随之提升，并在波峰拐点 30.66%处到达顶峰。在服务转型程度超过波峰拐点后，服务转型会给纺织服装制造企业带来短期的绩效下滑影响,而当服务转型程度超过波谷拐点57.94%后,企业的服务转型又能重新推动企业的绩效增长。

根据图 7-10 显示,长江经济带机械仪表制造业"服务转型—绩效"曲线也为马鞍形曲线走势。而与图 7-8 电子制造业和图 7-9 纺织服装制造业"服务转型—绩效"曲线不同的是,机械仪表制造业"服务转型—绩效"曲线呈先下降、后上升、再下降的走势。当机械仪表制造业企业未开展服务业务时,行业净资产收益率为 7.20%,而当业内企业开展服务业务时,企业的服务转型对为负面影响绩效,且当服务转型程度为 6.78%—17.60%时,行业净资产收益率为负值,即当机械仪表制造业行业内企业服务转型在 6.78%—17.60%时,企业会面临亏损的经营状况,且在波谷拐点 12.04%时达到最大亏损值。而当服务转型程度超过 17.60%后,企业的服务转型对企业绩效为正向促进作用,且在波峰拐点 81.44%达到最大。而在服务转型程度超过波峰拐点后,机械仪表制造业企业若持续推进服务转型进程并不能继续为企业绩效带来更大的推动作用。

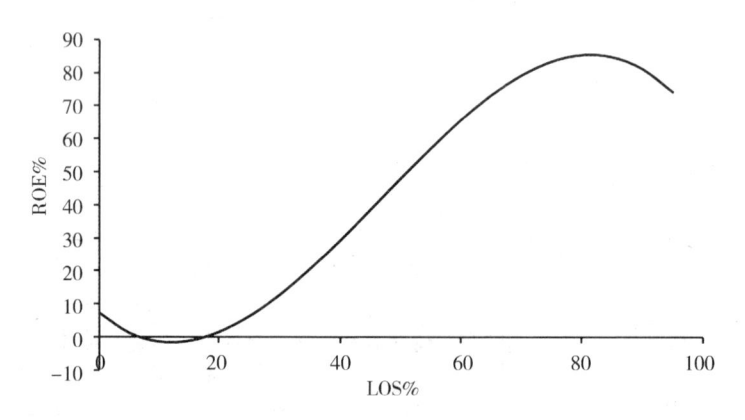

图 7-10 长江经济带机械仪表制造业"服务转型—绩效"曲线

图 7-11 显示的长江经济带石油化工制造业"服务转型—绩效"曲线与机械仪表制造业"服务转型—绩效"曲线类似,均为先下降、后上升、再下降的马鞍形曲线走势。与机械仪表制造业"服务转型—绩效"曲线不同的是,石油化工制造业"服务转型—绩效"曲线的波谷拐点在纵坐标轴左侧,即石油化工制造业"服务转型—绩效"曲线的波谷拐点在实际经营中无意义。图 7-11 显示,当石油化工制造业企业未开展服务业务

时，行业净资产收益率为 3.90%。而随着行业内企业服务业务的开展与服务转型程度的逐步提高，企业绩效也随之增长。在到达波峰拐点 65.02% 后，持续的服务转型并不会为企业净资产收益率的增长带来助推作用。

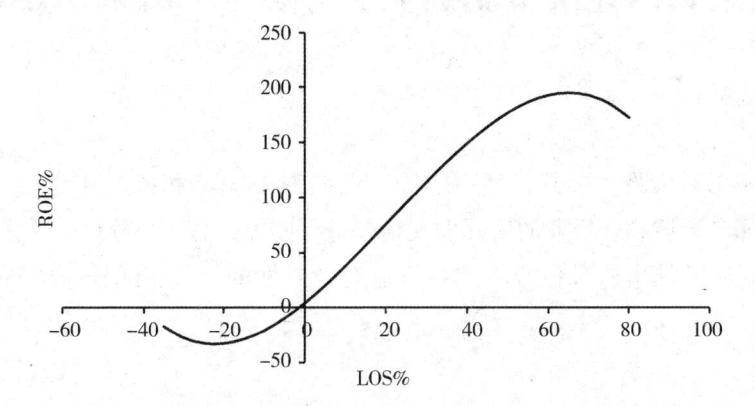

图 7-11　长江经济带石油化工制造业"服务转型—绩效"曲线

第八章

促进长江经济带制造业服务转型的对策及建议

本书对依照"服务转型—绩效"曲线对各流域和各行业进行分类，并依照各流域和各行业的实际发展情况进行归类、总结与分析，并在分析的基础上总结出针对各流域和各行业有针对性的、可实际操作的对策及建议。

一 线性促进类制造业服务转型对策及建议

在长江经济带各流域及各行业中，仅医药制造业和金属非金属制造业服务转型对业内企业绩效为线性促进作用。实证结果显示，长江经济带医药制造业和金属非金属制造业企业服务转型程度的增加可促进其净资产收益率的提升，目前长江经济带医药制造业和金属非金属制造业的平均服务转型程度分别为19.77%和6.33%，根据"服务转型—绩效"走势图来看，目前2类制造业的服务产业融合发展均为其业内企业的经营与发展带来了可观的收益。医药制造业和金属非金属制造业企业可在保持现有经营规模不变或缩减原有主营业务的情况下，持续推进服务业务的发展来增进企业的整体绩效。

在长江经济带医药制造业方面，企业规模的扩张对企业绩效有显著正向促进作用，而当企业采取扩张经营规模的同时提升服务业务占总体经营业务中份额占比的经营策略则会对企业绩效带来负面影响。而国有及国有控股企业在行业中占比的提升也会提升行业平均绩效，而行业内企业在市场化程度降低的情况下提升企业服务转型程度则会降低企业绩效。根据表7-2数据显示，医药制造业平均企业规模高于长江经济带平均水准，而国有及国有控股企业在行业中占比低于平均水准。因此，在长江经济带医药制造业未来的实际经营中应在考虑行业结构变化的同时适时对企业的服务转型程度进行调整，并在调整的基础上控制企业的经营规模，以期达到最佳绩效。

在实际经营中，医药制造业企业可提供营销、咨询和相关金融服务来提升企业服务转型程度。医药制造业企业主营业务为相关药品制造，在咨询服务方面可谓轻车熟路，咨询服务的开展不仅不会消耗太多医药制造企业的经营资源，反而会在提供咨询服务的基础上为其产品的销售开辟新的市场。而营销服务也是对原有产品制造的主营业务的一种补充，营销服务在获得其经营收益的基础上又能推动原有主营业务的发展，可谓一举两得。而医药制造企业的充沛现金流又能为其开展相关金融服务提供坚实的基础。因此，医药制造业企业在参照"服务转型—绩效"曲线和实时留意市场竞争情况的基础上，有针对性地展开营销、咨询和相关金融服务能有效提升企业经营绩效。

此外，根据长江经济带医药制造业和金属非金属制造业"服务转型—绩效"图来看，金属非金属制造业服务转型对绩效的促进作用比医药制造业更大，提升作用更显著。金属非金属制造业的实证结果表明企业规模的扩大对其绩效有正向促进作用，而在扩张企业规模的同时提升服务转型程度却对企业绩效有负面作用，因此，金属非金属制造业企业在寻求绩效增长时只能在扩张企业规模或提升服务转型程度的经营方式中选择其中一个经营战略来执行。另外，随着国有及国有控股企业在行业中占比的增大，金属非金属制造业企业的绩效也随之提升。出现这种现象的原因可理解为因行业属性，金属非金属制造业中国有及国有控股企业的实力较私营、合资与外资更强，对制造业上游企业的把控能力与话语权更强。因此，对于金属非金属制造业中的非国有及国有控股企业来讲，当业内国有及国有控股企业占比下降时，提升企业服务转型程度与加重服务业务在企业经营中的占比是提升企业绩效的重要方式之一。

在实际经营中，因行业属性使然，金属非金属制造业企业对资源的依赖程度较高，而伴随而至的则是对相关服务业务的投入较少，随着目前制造业发展方向已由原有的"制造"转为"智造"，金属非金属制造业也应采取相应的经营措施来应对市场的变化。金属非金属制造业具体可采取的经营策略有二：第一，提高资源利用率，在企业内部锻炼节能与环保能力，提升企业资源利用率和环境保护能力，在增强主营业务能力的同时，又提升环保方面的相关服务能力,并以期以环保服务能力为市场服务。第二,推动企业信息化建设。金属非金属制造业是生产性制造业,其企业间信息共享与融资拆借是业内常态,而在推动企业信息化的同时,金属非金属制造业可通过在金融与租赁方面的服务能力来创造企业新的利润增长点。

二 U形影响类制造业服务转型对策及建议

长江经济带各流域与各行业中仅食品饮料制造业的服务转型发展对其经营绩效的影响为倒U形曲线走势。其波峰拐点的横坐标为39.28%,目前长江经济带食品饮料制造业上市公司的平均服务转型程度为4.04%,远小于拐点数值,其"服务转型—绩效"走势图显示,目前食品饮料制造业上市公司的服务转型发展已经带动了企业整体绩效的增长。业内国有及国有控股企业所占比重较低,市场竞争激烈,食品饮料制造业可在未来的经营发展中通过抓住市场机遇、招聘服务业务人才、保持现有企业规模或对原有主营业务进行精简的同时,继续推进服务转型业务的开展与延伸来提升企业的经营绩效。

此外,长江经济带食品饮料制造业企业规模高于制造业平均水平,且国有及国有控股企业占比低于平均水平,即食品饮料制造业上市公司一般规模较大,且行业市场化程度较高,具有"船小好调头"的经营优势。且因市场竞争激烈,企业的服务转型在达到一定程度后能有效为企业带来良好的经营收益。从实证结果来看,食品饮料制造业企业在市场化程度降低时,延续原有的经营策略可保持绩效的稳步增长,而在采取提升服务转型经营策略后,又能进一步促进企业绩效的提升。而食品饮料制造业企业在实际经营中采取单独扩张企业规模的经营策略也能提升企业绩效,但在扩张企业规模的同时提升服务转型程度则会抑制企业的绩效增长。因此,长江经济带食品饮料制造业企业在日后的实际经营中可在参考"服务转型—绩效"曲线的同时,根据行业市场化程度与企业规模来调整服务业务的扩张与删减来保持企业绩效的稳步增长。从实际经营来看,食品饮料制造业企业可在未来的经营中将非核心并利润率较低的业务进行外包,节约企业相关资源,并将额外的精力投入利润率较高的业务。例如食品饮料制造企业可将食品包装等业务进行外包,把节省出的人力、物力和财力转移至供应链管理和食品团购、定制和营销等服务业务中来,以此种经营策略来加大企业服务转型程度,提升企业经营绩效。

三 马鞍形影响类制造业服务转型对策及建议

服务转型对马鞍形行业上市公司的经营绩效分为两个类别、三个阶段进行影响,第一类随着企业服务转型程度的增加,服务转型对其绩效的影响分别为:先增加、后减弱、再增加;第二类则随着企业服务转型程度的增加,服务转型对其绩效的影响分别为:先减弱、后增加、再减弱。在长江经济带各流域及各行业中,电子制造业和纺织服装制造业属于第一类,机械仪表制造业、石油化工制造业和长江经济带上游、中游、下游整体制造业均属于第二类。

(一) 马鞍形影响类各地域制造业服务转型对策及建议

从长江经济带各流域制造业整体来看,制造业服务转型对长江经济带上、中、下游制造企业绩效均为马鞍形影响,且影响程度各不相同。

1. 长江经济带上游制造业服务转型对策及建议

对长江经济带上游制造企业而言,小幅度的服务转型并不能为企业绩效带来实际的增长,且很有可能会抑制企业原有净资产收益率的增长。在服务转型程度小于 25.19% 或大于 65.21% 时企业的服务转型对绩效的影响为负面抑制作用,只有在企业服务转型程度大于 25.19% 且小于 65.21% 时,企业服务转型对企业绩效才有正向的促进作用,而当企业服务转型程度达到 45.85% 时,企业的服务转型能对其绩效起到最大促进作用。目前长江经济带上游制造业平均服务转型程度为 8.31%,远小于波峰拐点,并尚未脱离服务转型困境,因此,长江经济带上游企业在日后的经营发展中应持续扩张服务业务规模,提升服务转型程度来获得绩效的良好增长。

根据表 7-7 的数据来看,长江经济带上游制造业企业平均规模大于长江经济带整体水准,而国有及国有控股企业占比则小于平均水准,即市场化程度较高。因此,对于长江经济带上游制造企业而言,随着市场化程度的降低，国有及国有控股企业在业内占比的提升，业内企业的平均绩效随之提升。根据长江经济带上游的实际发展情况来看，平均绩效的增长并非行业整体的增长，而是国有及国有控股企业的绩效增长带动了平均值的增长。因此，对于长江经济带上游非国有企业而言，当业内国有及国有控股企业占比提升时，应采取扩张企业服务业务的经营策略来提升企业绩效。而在企业行为方面，上游制造企业规模的扩张能提升企业绩效，但在扩张企业规模的同时提升服务转型进程却会抑制企业绩效。

2. 长江经济带中游制造业服务转型对策及建议

根据长江经济带中游制造业"服务转型—绩效"曲线图显示，服务转型对中游制造业企业绩效的影响为马鞍形曲线走势，且随着服务转型程度从零开始逐渐增高，服务转型对企业的绩效为线性促进作用，当服务转型程度提升至波峰拐点73.66%时对绩效的促进作用达到最大，而目前长江经济带中游制造业平均服务转型程度为7.48%，远小于波峰拐点，长江经济带中游制造企业在服务转型方面还有较大的提升空间。

描述性分析显示，长江经济带中游制造业企业平均规模与市场换程度与长江经济带整体相近。长江经济带中游制造业企业平均规模的增大能促进企业净资产收益率的提升，但在扩张企业经营规模的同时提升服务转型程度则会抑制企业绩效的增长。

与长江经济带上游制造业不同的是，长江经济带中游制造业随着国有及国有控股企业在业内占比的增大，整体绩效却会随之下降。出现这种现象的原因可能为国有及国有控股企业因受政策的影响较大，经营方向难以随市场变化而适时调整导致整体绩效的下降。而当国有及国有控股企业在行业中占比上升时，企业能通过采取开展服务业务、提升服务转型程度的经营策略来为企业建设添砖加瓦。

3. 长江经济带下游制造业服务转型对策及建议

长江经济带下游制造业"服务转型—绩效"曲线走势与中游类似，均为先下降、后上升、再下降的马鞍形曲线走势，且两者波谷拐点均在纵坐标轴左侧，曲线与纵坐标轴的交点均为正值，且长江经济带下游"服务转型—绩效"曲线拐点值较中游更大，为98.22%。目前长江经济带下游制造业平均服务转型程度为8.31%，远小于波峰拐点。因此，长江经济带下游制造业整体服务转型能为企业带来持续稳定的绩效增长，其服务转型程度越高，对企业绩效的促进作用越大。

根据实证分析结果，长江经济带下游制造业控制变量及交互项回归结果与长江经济带上游与中游均不相同。长江经济带下游制造业企业经营规模的扩张能促进企业净资产收益率的提升，且在扩张经营规模的同时提升服务转型程度又能为企业的发展持续助力。业内国有及国有控股企业占比提升也能提升业内平均绩效，出现这种状况的原因与下游省市良好的经济发展环境分不开。而当业内国有及国有控股企业占比提升的同时加快服务转型的步伐也能为各制造企业带来更好的收益。

在长江经济带下游制造业企业日后的经营发展中，各企业可在参考市场化程度的基础上反向增加或删减服务业务，并对企业规模进行适当调整的基础上拟定经营策略，以期达到更好的经营绩效。

（二）马鞍形影响类各制造行业服务转型对策及建议

根据4类马鞍形"服务转型—绩效"曲线，长江经济带电子制造业和纺织服装制造业"服务转型—绩效"曲线均属于先增加，后减弱，再增加的曲线走势。目前长江经济带电子制造业和纺织服装制造业上市公司的平均服务转型程度分别为5.58%和15.18%，均远低于波峰拐点，根据"服务转型—绩效"走势图来看，目前2类制造业上市公司的服务转型发展已经为其实际经营带来了较好的收益，业内企业在日后的经营发展中可在注意波峰与波谷拐点的基础上持续提升服务转型程度来增加企业净资产收益率。

另外，2类制造业企业均可在保持现有经营现状或缩减传统经营业务的同时，扩大其服务业务经营范围，以"协调发展"的经营战略来提升企业整体经营绩效。例如电子制造业企业可采取三种经营措施来实施转型发展。第一，可通过电子制造业企业充沛的现金流来发展融资租赁服务，依承企业原有的品牌与渠道等优势，联合以往有过业务来往并可信赖的金融服务机构来共同为客户提供个性化的机械融资和租赁等服务。第二，在融资与租赁业务的基础上，电子制造业企业可为租赁客户提供相关租赁设备的维修、保养与改造等业务。若条件允许，电子制造业可向发达国家同业企业学习，为客户及其运转情况提供远程动态监控管理服务，为客户提供强时效、多角度、全过程的管理与咨询服务。第三，为客户的需求提供个性化定制服务，在满足客户实际需求的基础上打开市场口碑，获取竞争优势，提升企业绩效。纺织服装制造业企业则可依托信息技术的高速发展优势,通过互联网平台将大数据与云计算等先进技术纳入企业经营,以在线个性化定制和企业团购定制等设计、制造来实现服务转型经营。

而当市场结构变化时,电子制造业随着国有及国有控股企业在行业内比重的加大,其绩效呈减弱的趋势,而纺织服装制造业的表现则与电子制造业相反。且在市场化程度与服务转型程度同时变化时,此两类行业均有不同的表现。因此,对电子制造业而言,随着业内市场化程度的增强,企业应提升其服务转型进程来适应激烈的市场竞争,而在纺织服装制造业方面,市场化程度越高,企业则越应注重多元化发展对企业的重要性,采取提升服务转型程度的经营策略来实现企业绩效的稳步增长。

长江经济带机械仪表制造业和石油化工制造业"服务转型—绩效"曲线均属于先减弱,后增加,再减弱的曲线走势。目前长江经济带内机械仪表制造业平均服务转型程度为6.56%,根据"服务转型—绩效"走势图来看,在目前的服务转型发展条件下,服务转型发展对机械仪表制造业内企业所带来的绩效增长作用较小,且其目前的服务转型程度尚在"服务转型—绩效"曲线波谷外侧。机械仪表制造业企业在日后的发展中可通过删减服务业务或持续开展与扩张服务业务范围来提升企业整体经营绩效。根据年报数据收集的情况来看,机械仪表制造企业向客户提供的与主营业务有关的服务业务大多为配套生产与定制、来料加工和维修维护等业务,机械仪表制造类企业在日后的经营中不仅可通过扩大目前已有服务业务规模,而且可向国外大型跨国制造企业学习,开发并扩展诸如尖端智造、提供一站式配套服务解决方案和将某些利润率较低的制造业务进行外包,全力扩张利润率较高的设计、营销和维护等服务业务。从长远的角度看,持续开展与扩张服务业务范围是提升企业整体经营绩效的最佳选择,但在通过服务转型来提升企业绩效的过程中企业不可避免地会经历整体绩效降低的过程,但在服务转型程度超过17.59%后,服务业务的继续开展与服务业务规模的扩大能持续提升企业经营绩效。

此外,机械仪表制造业企业对经营规模的变化较为敏感,企业规模的扩张与缩小都会引起经营绩效对应地增强或减弱,且在扩张企业规模的同时提升服务转型程度不会为企业带来更好的收益。又因机械仪表制造业企业行业性质使然,行业内企业大多为"重资产"型企业,企业规模难以在短时间内进行扩张或缩小的调整。因此,机械仪表制造业企业在实际经营中应减小对企业规模的控制,而是应在主营业务及服务业务的业务规模与业务质量两方面进行调整以适应市场竞争。而在国有及国有控股企业在行业中占比增大时，行业平均绩效也随之提升，且国有及国有控股企业在行业中占比与企业服务转型程度同时提升时，企业绩效也会随之提升。

因此，对于机械仪表制造业企业而言，行业市场化程度是其经营的风向标，随着国有及国有控股企业在行业中占比的提升，企业可通过采取服务转型的经营策略来保持其原有经营利润，且在实际经营中不可通过扩张其企业规模来达到提升企业服务转型程度的目的，而应在删减其原有主营业务的基础提升服务业务的经营规模。

石油化工制造业中国有及国有控股企业占比高达24.81%，为7类制造业中最大，行业性质较为特殊，业内企业的经营与发展受政策影响较大。目前长江经济带内石油化工制造业的平均服务转型程度为9.11%，其"服务转型—绩效"走势图显示，目前石油化工制造业的经营实际已走出"服务转型—绩效"波谷，其服务转型发展战略能为企业的经营发展助力，提升企业的整体绩效。在日后的经营实际中，石油化工制造业企业可通过采取不扩张企业规模、精简主营业务和延伸服务业务经营战略来实现经营绩效的增长。

因行业的特殊性，从石油化工制造业企业的实际经营来看，企业规模的扩张并不能为企业带来更高的收益率，且国有及国有控股企业在行业中占比的提升也能增强行业绩效。因此，石油化工制造业企业在日后的经营发展中不可盲目扩张企业规模，在开发与扩张企业服务业务的同时亦应尽量在企业内调整人力资源的分配或尽可能少另外招聘与录用人手，而是应通过组织结构的变动与原有业务的删减来为服务业务助力。而当市场化程度降低时，业内企业可通过提升服务转型程度来为企业的经营寻求新的利润源，推动企业的稳步与持续发展。

从具体的转型经营措施来看，石油化工制造业企业在实际经营中拥有较多的选择方向。随着目前世界对新能源开发和利用越来越重视，石油化工制造企业主营业务方面的能源采掘和石化焦炼等无须额外进行扩张，而是应在尽量保持现有主营业务的情况下，依托自身的资产优势与物流优势，在金融服务业和供应链和物流业方面施展拳脚。例如中国石化是中国民生银行的最大股东，其对中国民生银行的战略投资已为其带来了可观的收益，而"三桶油"可在原有供应链管理经验和大型车队的基础上进行扩张，以自身业务优势来承接外部运输与供应链管理业务，以风险相对较低的优势来获取收益相对较高且可持续的服务业务利润。

四 制造企业服务转型出现瓶颈时可参考的建议

制造业服务转型经营理念是近代以来兴起的制造企业经营的新方向，我国制造业因起步较晚，实际经营经验也少于发达国家大型跨国制造企业，我国大多数制造企业目前的经营理念还停留在单纯的制造阶段，以市场换技术的现象仍存在于许多制造行业。且我国制造业服务转型也为20世纪90年代才逐步开展，企业实际服务转型程度较低，服务业务数量与质量也有待增加与提升，各制造行业企业在实际经营中在面对转型经营出现难题或瓶颈时也较少能有第三方咨询机构进行技术指导或企业战略支持。因此，在各制造企业在实际经营中出现服务转型困难或遇转型瓶颈时所采取的经营策略对企业未来经营与发展就尤为重要。

SCP范式理论是被产业组织应用研究反复论证过的产业分析框架，其行业结构—企业行为—经营绩效逻辑是各行业企业在实际经营中均可参照的重要经营理念。对制造企业来讲，因制造行业的特殊属性，与时下站在风口的互联网业、金融业和零售业等行业相比，制造业的"重"资产属性和"强"技术属性决定了行业在实际经营中无法"原地掉头"或"大步赶超"。制造业企业在实际经营中只能一步一个脚印来培养企业核心竞争力和提升企业的经营绩效。在企业的实际经营中，可参考的建议如下：

（1）在长江经济带上、中、下游方面

行业结构是各企业生存、经营与发展的大环境，是企业在实际经营中所需实时参照的经营方向风向标，而企业行为是企业针对行业结构变化而做出的一系列调整的经营行为。根据表7-9和表7-25的长江经济带上、中、下游和各制造行业的实证分析结果可给出长江经济带上、中、下游和各制造行业在市场竞争情况发生变化时可参考的实际经营建议。

从实证分析结果来看，国有及国有控股企业在行业中的占比对长江经济带上游及中游制造企业影响较大，国有及国有控股企业在行业中的占比的提升对长江经济带上游制造企业的绩效为显著促进作用，而对长江经济带中游制造企业而言则会降低企业经营绩效。而企业行为指标对长江经济带上游与中游企业均为显著正相关，对长江经济带下游则无显著相关性。

根据实证结果，企业经营规模的扩张，对长江经济带上游与中游制造企业的经营绩效均有显著促进作用。

而从行业结构与制造业服务转型程度的交互项来看，长江经济带上游与中游均为显著负相关，长江经济带下游则影响不显著；从企业行为与制造业服务转型程度的交互项来看，除长江经济带中游为显著负相关外，长江经济带上游与下游均无显著影响。

因此，长江经济带上游企业应在国有及国有控股企业在行业中的占比提升时，借助经营绩效的增长，稳步扩大企业经营规模和提升企业服务转型进程，以主营业务的持续经营和服务业务的稳步增长来继续提升企业经营绩效。而当国有及国有控股企业在行业中的占比下降时，因行业整体经营绩效的下降，长江经济带上游制造企业应在维持企业正常经营的同时，采取多元化经营策略，维持或降低企业服务转型程度，以增强自身核心竞争力的方式来获取市场竞争力，稳固或提升企业经营绩效。

对长江经济带中游企业来说，当国有及国有控股企业在行业中的占比提升时，行业内企业整体经营绩效随之下滑，企业亦可采取多元化经营策略，维持或提升企业服务转型进程，来保持企业绩效的稳定增长。而在国有及国有控股企业在行业中的占比出现下降趋势时，行业内企业整体经营绩效有上升趋势，企业可在扩张企业规模或提升服务转型程度两个经营策略中选择适合自身的经营策略来提升企业经营绩效。

（2）在长江经济带各制造行业方面

根据表7-25的实证结果来看，在行业结构方面，食品饮料制造业和石油化工制造业回归结果为无显著影响，机械仪表制造业和电子制造业为显著负相关，其余3类制造业均为显著正相关。即国有及国有控股企业在行业中的占比的提升对石油化工制造业企业无显著影响，对机械仪表制造业企业经营绩效有抑制作用，而对其余4类制造行业则为促进作用。在企业行为指标方面，除石油化工制造业外，其余6类制造行业均为显著正相关，即除石油化工制造业企业外，企业经营规模的扩张对企业经营绩效有显著促进作用。

而从行业结构与制造业服务转型程度的交互项来看，除医药制造业、机械仪表制造业和石油化工制造业回归结果不显著和电子制造业为显著正相关外，企业3类制造行业均为显著负相关。从企业行为与制造业服务转型程度的交互项来看，除纺织服装制造业与机械仪表制造业影响不显著外，其余 5 类制造行业均为显著负相关。

因此，长江经济带各制造行业企业在实际经营时，应参照行业结构情况来采取相应的经营措施，以下是长江经济带各制造行业在市场竞争情况发生变化时可参考的实际经营建议。

当国有及国有控股企业在行业中的占比提升时，机械仪表制造业和电子制造业企业经营绩效有下滑趋势，电子制造业企业可通过扩张企业规模或提升服务转型进程来提升企业绩效，而机械仪表制造业企业则应根据企业实际情况来选择是否扩张企业经营规模或继续提升服务转型程度来维持或提升企业经营绩效。对医药制造业、金属非金属制造业和纺织服装制造业来说，随着国有及国有控股企业在行业中的占比提升，业内企业经营绩效会随之提升，3 类制造业企业可在扩张企业规模与提升服务转型程度两个经营策略中选择一个进行经营活动。而当国有及国有控股企业在行业中的占比下降时，7 类制造行业内企业则可采取与国有及国有控股企业在行业中的占比提升时所采取的经营策略相反的方向进行经营。

第九章

全书总结

一 研究的主要结论

本书以长江经济带制造业上市公司为研究对象,基于核密度分析法、投入产出法和SCP范式理论等研究方法与理论,分析与测算了长江经济带各流域及各制造行业的服务转型现状,并在实证分析的基础上根据"核密度分布""微笑曲线"和"SCP"范式理论绘制了长江经济带各流域及各制造行业对应的"核密度分布""转型路径"和"服务转型—绩效"曲线图谱。分析了长江经济带制造业目前的梯度推进现状、服务转型特征现状、服务转型现状和服务转型对各行业上市公司绩效的影响,并结合相应的"核密度分布""转型路径"和"服务转型—绩效"曲线,分析、总结并给出了未来长江经济带制造业各行业未来服务转型方向、梯度推进和路径选择等具体措施。

(一) 分析了三大制造业服务转型动态分布的特征和趋势

本书以投入—产出法来制定相关行业分类标准,经过分类统计投入产出表中的15类制造业类别,主要将其分为轻工业、资源加工业、机械电子制造业三个大类。通过核密度估计法、马尔科夫转移矩阵等,根据时间序列、离散分布等情况,分析制造业服务转型水平动态分布特征。数据统计结果显示,核密度估计法结果认为,轻工业服务服务转型水平处于多极分化现象,以稳态分布结果可知,这种转型水平的变化,在不同梯度内有很好的分布效果,低梯度、高梯度等分化方向明显,但均衡发展效果难以实现。再来看核密度估计法,我们对资源加工业服务转型水平总体发展状态的判断是,趋势以低水平收敛为主,这种两极分化现象正是该行业在稳态分布结果中，形成低水平收敛趋势的原因。而机械电子制造业经过核密度估计后，所得结果同样是低水平收敛，但整体发展情况相对均衡，稳态分布结果显示，该行业服务转型水平会在不同梯度内实现分布，两极分化向中高梯度方向发展，并不能实现合理的均衡发展目标。

（二）分析了三大制造业服务转型梯度推进的路径、现状及特点

通过对产出角度制造业服务转型梯度推进矩阵法的综合运用，以时间维度来对各省市服务转型梯度推进特征进行总结为目标，随后利用空间维度来分析相关流域梯度推进路径等内容。

以轻工业来说，长江下游经济发展水平最高的是上海，其发展实际状态是以倒 U 形路径下降区间为主，向低质型梯度进行推进；而江苏、浙江都在正 U 形路径上升区间，并向着高质型梯度推进。长江中游省份江西位于倒 U 形路径下降区间，向低投型区间推进；安徽是以倒 V 形路径上升区间为主，以低质型梯度为推进方向；湖北在正 U 形路径下降区间，推进方向以高产型梯度为主；湖南在正 V 形路径上升区间，低质型梯度是其推进方向。再来看长江上游地区，重庆作为重要直辖市，倒 V 形路径上升区间是其实际位置，发展推进方向以低质型梯度为主；四川则是正 U 形路径下降区间，高产型梯度是其推进目标；云贵两省位于 V 形路径上升区间，低投型梯度是基本推进方向。

资源加工业，上海处于长江下游，呈现出倒 U 形路径下降区间特质，并向着低投型梯度发展；江苏以正 U 形下降区间为发展环境，向着高产型梯度升级；浙江在正 U 形上升区间，向高产型梯度推进。中游地区江西以倒 V 形下降区间为实际情况，低投型梯度是其推进方向；安徽在正 U 形上升区间，高质型梯度是基本推进方向；湖北则维持在倒 U 形下降区间，向高产型梯度进一步发展；湖南在正 V 形上升区间，高质型梯度为发展目标。再来说上游重庆，作为直辖市其发展方向是低投型梯度，当前状态是在正 V 形上升区间；四川在倒 U 形下降区间，向着低投型梯度进一步发展；贵州在正 V 形上升区间，向着低质型梯度发展；云南在倒 V 形路径下降区间，向低质型梯度推进。

机械电子加工业，长江下游上海作为重要的经济区域，当前状态在倒 U 形下降区间，向着高产梯度发展推进；江苏、浙江两省是以正 U 形上升区间为主，高产型梯度是发展方向。中游区间中，江西在正 U 形下降

区间,向着低投型梯度不断推进;安徽则位于正V形上升区间中,以低质型梯度为推进方向;湖北在倒V形下降区间,低投型梯度是其发展方向;湖南当前发展阶段在正V形上升区间,向着低质型梯度推进是其发展方向。上游区间内的重庆,正V形上升区间为基本环境,发展方向是低投型梯度;四川在正U形下降区间,低投型梯度发展为方向;云贵两省分别在正V形下降、上升区间,推进方向均为低质型梯度。

(三) 总结出了四类制造业服务转型梯度推进路径

按照各个省市制造业服务转型梯度推进路径总结结果来看,我们得到的推进梯度趋势主要有:正U形、倒U形、正V形、倒V形,另外对不同路径模型未来推进趋势也有相应的总结。具体解释为:(1)正U形,其梯度推进路径一直处于增值服务转型中,并实现中间投入从低质型向低投型、高产型、高质型方向发展,可是由低投型向高产型推进过程比较慢,高产型梯度服务转型水平会经历一段较长时间段内的小幅度增长的现象,这是因为服务转型中间投入,并不会造成工业生产总值边际明显影响,所以,要实现工业总产值再次发展,并保持在一定的速度,就要尽快将服务转型水平提升,保证处于高质型梯度中峰值状态。(2)倒U形,一般这个类型是服务转型中间投入增值早期阶段,这时能看到服务转型水平、工业生产总值都呈现出快速发展状态,但前者增速始终低于后者,该峰值是以低质型、高质型两个梯度分界线上下为区间,这就需要进一步增加中间投入,有效确保转型投入边际效益。但服务水平有略微降低状态,特别是对工业生产总值来说,其边际效益虽然是正数,可还是处于下降趋势,我们会看到明显由高到低质型梯度推进现象。应该在保持基本转型水平稳定的同时,在工业生产总值变化经历过快速增长到缓慢降低,一直到速率平稳后,再增加服务转型投入,这是实现服务转型正效益的重要过程。(3)正V形,这种推进路径形式会处于低质、低投两种梯度中不断变化,正是因为这种震荡形式会对工业生产总值有明显影响,当该总值处于较低状态时,中间投入无须进一步增加,可以看到服务转型梯度由低质向低投方向转移,在维持服务转型水平的同时,能确保低投型梯度平稳发展的状态,产业结构各项因素对工业生产总值有明显提高作用,如果总值达到某个标准时,要有意识地增加中间投入比重,推动低投型向高产型发展,并依据正U形上升区间来完成基本推进,且总值高时可实现跨越式发展。(4)倒 V 形,这种状态结构基本上出现在服务转型中间投入得到快速增加后,其边际效益对工业生产总值正影响有限,经过缩减中间投入后,形成一种向低投型梯度快速推进的现象。所以,我们认为中间投入增加不可盲目随意,要根据低投型、高产型两种梯度来判断分界线位置,有意识地增强有效中间投入,这是平滑过渡到高产型梯度的重要前提,但工业生产总值比较低时,可阶段性实现中间投入的控制,确保产业结构能为总值提高提供动力,实现服务转型中间投入量的稳定增加。

(四) 提出了"三步走"的发展策略

本书通过对上述三大制造服务业转型梯度推进特征级状况,根据制造业行业及地域环境特征,认为"三步走"策略是当前其发展的重要战略。具体指的是:第一步,上中游低质型省份利用正 V 形、倒 V 形两种推进路径,向着低投型梯度发展,由此来实现该区域内制造业均衡发展;第二步,中游低投型梯度各个省份,发展方向以正 U 形高产型梯度为主,这就是发挥中下游产业承接作用的标志;第三步,中下游以低质型、低投型梯度省份,在产业结构相对完整状态下,选择工业生产总值较高时段,利用倒 U 形来完成跨越式路径发展,方向为高质型梯度,这对于下游高产型梯度省份来说,其正 V 形推进路径能实现高质型梯度转型,这就是产业创新的重要举措。本书根据具体推进路径,总结出具有实践性的对策方案。

(五) 构建了长江经济带制造业服务转型路径选择模型

根据国内外当前制造业服务转型过程、路径等研究结论可知,概念演进、形成机理、产业转移/融合/集聚等,都是非常重要的理论研究方向,本书根据价值链、微笑曲线、产品服务等相关理论,总结出长江经济带制造业服务转型升级路径,并确定选择模型。由此得到模型必须保证三方面内容:一是构建原则方面以路径选择为基础,梯度推进、绿色环保、资源节约、平等互惠、可操作性等,都是重要的参考原则;二是总结长江经济带制造业实际经营模式和现状,分析服务转型方向,根据产出、制造规模来确定研发方向,这是论证制造业服务实际能力的很重要过程,由此来判定转型路径;三是依照路径选择原则、现状等,确定服务转型升级路线类别,根据实际情况来判断价值链理论、产品服务系统、微笑曲线、产业融合等为基础的制造业服务转型升级路径。综合多重路径结构来设定实际路径选择模型。

（六）分析长江经济带制造业服务转型现状特征

本书对长江经济带制造业的研究，主要是根据制造业实际总量及各个分行业总量，并根据转型水平、营业收入等多个指标项目，研究服务转型发展的实际状况，对各省市制造业、分行业的价值链曲线，进行主体地位的分析确定，并绘制出对应的微笑曲线示意图。我们对不同省份经济带制造业服务转型水平研究后，认为贵州、云南、四川、安徽及上海的转型水平比较突出，江西、重庆、湖南、湖北等省市处于中游等级，但浙江、江苏两省有明显低水平的转型特征。根据各个分行业情况可以分为：(1) 食品加工业。高水平—浙江、江苏、上海；中水平—重庆、四川、贵州；低水平—湖北、湖南、安徽、云南、江西等。(2) 轻工品制造业。高水平—云南、上海；中水平—贵州、四川、重庆；低水平—湖北、湖南、安徽、浙江、江西。(3) 石化工业。高水平—上海、重庆、云南、安徽；中水平—贵州、湖南、四川、浙江；低水平—江苏、湖北、江西。(4) 交通设备制造业。高水平—上海、云南；中水平—贵州、浙江、安徽；低水平—湖南、重庆、江西、湖北、江苏。(5) 电子信息设备。高水平—云南、贵州、浙江；中水平—安徽、江西、湖南、上海；低水平—湖北、四川、重庆、江苏等。

（七）提出长江经济带制造业服务转型路径

本书对长江经济带制造业服务转型综合分析后，根据不同省市实际发展程度来分析行业细分后的总量规模、转型水平、产出能力、研发实力等，并对品牌营销实力有较好的解释说明，这些都是根据服务转型升级模型变化情况得出的结论。以各项理论作为出发点，按照各省市、各行业等发展状况，确定的适当服务转型升级路径，由此来确定长江经济带制造业价值链主体地位，并以此为基础确定选择模型，并为不同制造业服务转型提供合理升级路径的研究方向，主要包括：OEM、ODM、OBM、TPM。同时，按照不同转型结果所得增值途径、空间等，完成对各省市制造业处于长江经济带价值链实际位置的判断，按照产品服务系统理论，当前该地区制造业升级转型路径模型总结有：OSM、ISM、CSM、PSM。另外，结合各省市制造业微笑曲线示意图可知,以微笑曲线理论为基础的制造业服务转型升级路径模型主要有:上游产业链服务一体化、下游产业链服务一体化、上下游产业链服务一体化、完全去制造业。我们对产业转移/融合/集聚等相关理论分析后,根据其中产业要求及特征,来确定制造业服务转型升级路径,并以此来作为模型选择基础,所得结果包括:垂直型产业间转移、水平型产业内转移、协作型产品内转移、技术融合、业务融合、市场融合、同产业聚集区、产业链聚集区、关联产业聚集区等。

(八) 基于长江经济带各个地理区域、行业分类等情况,给出制造业服务转型路径方案

经过对长江经济带实际制造业发展状态分析总结后,可选择服务路径主要有如下四种制造业服务转型路径:上游产业链服务转型路径、下游产业链服务转型路径、上下游产业链服务转型路径和完全去制造化服务转型路径,其中上游地理区域的轻工品制造业和机械电子设备制造业应选择上游产业链服务转型路径,上游和中游地理区域的资源加工制造业应选择下游产业链服务转型路径,下游地理区域的资源加工制造业和机械电子设备制造业应选择上下游产业链服务转型路径,中游地理区域轻工品制造业和机械电子设备制造业应选择完全去制造化服务转型路径。

(九) 给出了长江经济带制造业服务转型各类路径实施的对策建议

上游产业链服务转型路径实施的对策建议是加强企业的顶层设计,善于引进吸收外来技术,逐步地培养自己的核心竞争力;下游产业链服务转型路径实施的对策建议是企业需要高度注重其自主品牌管理,采用先进的生产手段,构建完善有效的品牌营销体系,此外还需要培养较强的品牌危机意识;上下游产业链服务转型路径实施的对策建议是企业既要组建自己的研发服务团队,又要建立企业的自主品牌形象,在较客观全面地分析企业自身的发展状况后,做出合理的决策;完全去制造化服务转型路径实施的对策建议是将企业的制造业务外包给第三方公司,将所有的资源都投入产业链的上游与下游环节,企业内部需要进行一系列的变革。

(十) 提出了制造业服务转型的功能作用

从长远发展的角度看,制造业企业的服务转型对企业绩效有着较大的助推作用,在制造业企业未来的实际经营中,服务转型是长江经济带各行业与各流域制造企业可以采取的、能够提升企业整体经营绩效的重要经营手段之一,且各制造企业有必要将开展服务业务作为企业日后的重要经营策略来实施。

(十一)说明了长江经济带不同区域的同行业服务转型的绩效差别

服务转型对长江经济带各流域与各制造行业企业的绩效影响均不相同,根据研究结果,主要有线性促进类、倒 U 形影响类和马鞍形影响类,且对不同地理流域和制造行业而言,企业达到最佳服务转型程度与绩效的平衡点不同。即不同地理流域和制造行业企业在实际经营中切不可参照其他流域或制造行业的转型经验,而只能根据企业实际经营与行业整体发展情况来进行企业的服务转型。

(十二)指出了长江经济带制造企业绩效提升的多因素作用

除服务转型外,还有较多因素会对企业绩效产生影响。根据研究,还有企业规模与行业市场化程度会对企业绩效产生较大的影响,且不同地理流域和制造行业的影响均不相同,长江经济带上、中、下游与各制造行业应根据企业经营状况与行业竞争实际来采取相应地经营策略,巩固自身在市场中的地位,稳步提升企业净资产收益率。

二 研究不足

此外,因研究的局限性,本书研究存在着以下不足:

(一)时间维度的数据样本较小

本书研究梯度推进路径时,计算制造业服务转型水平采用的是投入产出法,数据主要取自《中国地区投入产出表》,但选择年份只有 2002 年、2007 年、2012 年三年,研究轻工业、资源加工业、机械电子制造业时,虽然是以九省二市为样本,但实际数据相对来说非常有限,并不能对历史推进路径做到完全复原,路径特征点的判断主观性较大。而且,被调查省市制造业服务转型梯度推进速率本身并不相同,可以说各地推进路径处于不同阶段,将路径特征总结出后,给出的推进路径类别差异性较大,按照不同区间进行归纳总结。

(二) 数据衡量标准的难以统一

本书以梯度推进路径中间投入—产出量为数据样本,来源于《中国地区投入产出表》,而《工业统计年鉴》能提供的是工业生产总值。我们对这两种数据资源分析后,发现各个分类都有年度微调的情况,会导致数据分类标准些微差异,要保证数据一致性,要通过两个资源信息不同工业分类,来逐个对应并将其中部分存在不能对应的类别舍弃,这就是出现统计值与实际值误差的原因。我们对2010年以前《工业统计年鉴》各项数据分析后,发现工业总产值还存在1990年不变价及当年价,以2010年为分界点,以后工业总产值都是当年价,这是为统一数据来源,所以采用工业总产值当年价为数据技术,但问题在于货币溢价影响并不能合理消除,各个年份工业生产之间差异性较大,很难达到统一数据的理想状态。

(三) 未对制造业服务转型升级路径选择进行评价

本书研究服务转型升级路径时,将长江经济带制造业服务转型升级路径选择模型同步构建完成,并由此来对各个行业服务转型发展现状进行判断,可是,由于不同模型、路径优劣性并未得到有效评估。本书认为应该根据制造业服务转型升级路径来实现多元发展,通过已有路径评估结果分析,并通过已建构制造业服务转型升级路径实际功能,来带动符合国家经济发展实际状态的转型路径升级。这对于现代制造业发展来说,具有极强的引导性价值,能更好地实现产业结构转轨的调控。

(四) 课题绩效研究中研究对象时间跨度较短

研究对象涵盖了我国《三次产业划分》文件中的所有制造行业,但《三次产业划分》文件在实际编制历经几次修订才最终发布,而最近一版则为2012年发布。因此,研究以2012年发布的《三次产业划分》(GB/T 4754—2011)为各行业划分标准来对制造业与服务业进行划分与归类,并在此基础上展开研究工作。同样的,在研究的数据选择方面,选取了2012年《三次产业划分》文件发布后的相关上市公司年报数据作为研究样本。而2012—2017年一共6年的年报数据可能在实际的研究中时间跨度不够长，此不足可在未来的研究中弥补。

（五）绩效研究样本未涵盖未上市制造业企业

从我国经济的发展实际来看，每个行业中未上市企业的数量占据行业总数的绝大部分。而因研究方法使然，研究所需数据只能从长江经济带各制造业上市公司年报中获得，忽略了长江经济带各制造业未上市企业。因此，研究样本的选取存在片面性，研究结论与建议可能不适用于长江经济带各流域与各制造行业未上市企业。

（六）没有对企业制造业服务转型所处的阶段进行划分

由于各制造业的上市公司开始实施制造业服务转型的时间各不相同，而且此时间也难以辨认，因此服务转型路径选择研究中的样本数据统一来源于样本企业2012—2016年的数据，但是这会导致本书可能会将刚开始进行制造业服务转型的企业与进行制造业服务转型已经达到不同发展阶段的企业一起进行研究，忽略了制造业服务转型的各个阶段对企业实施制造业服务的影响。

参考文献

安筱鹏：《制造业服务化：机理、模式与选择》，中国社会科学院数量经济与技术经济研究所，2011年。

艾岚、阎秀萍：《基于SCP范式的中国传媒产业组织分析》，《河北经贸大学学报》2014年第35期。

曹立、曹伟：《反梯度推进：西部产业升级的一种思路》，《延安大学学报》（社会科学版）2002年第1期。

陈洁雄：《制造业服务化与经营绩效的实证检验——基于中美上市公司的比较》，《商业经济与管理》2010年第222期。

戴宏伟、田学斌、陈永国：《区域产业转移研究：以"大北京"经济圈为例》，中国市场出版社2003年版。

方涌、贺国隆：《制造业服务转型研究述评》，《工业技术经济》2014年第33期。

Gebauer H.、王春芝：《制造企业服务业务扩展及其认知因素研究》，《中国管理科学》2006年第14期。

郭跃进：《论制造业的服务化经营趋势》，《中国工业经济》1999年第3期。

黄群慧、霍景东：《全球制造业服务化水平及其影响因素——基于国际投入产出数据的实证分析》，《经济管理》2014年第36期。

何哲、孙林岩、朱春燕：《服务型制造的概念、问题和前瞻》，《科学学研究》2010年第28期。

胡元林、孙旭丹：《环境规制对企业绩效影响的实证研究——基于SCP分析框架》，《科技进步与对策》2015年第32期。

胡查平、汪涛：《制造业服务提供中的社会技术能力及其对企业绩效的影响》，《中国科技论坛》2013年第1期。

简兆权、伍卓深:《制造业服务化的路径选择研究——基于微笑曲线理论的观点》,《科学学与科学技术管理》2011年第32期。

简兆权、伍卓深:《制造业服务转型的内涵与动力机制探讨》,《科技管理研究》2011年第31期。

姜铸、李宁:《服务创新、制造业服务化对企业绩效的影响》,《科研管理》2015年第36期。

江积海、沈艳:《服务型商业模式中价值主张创新对价值共创的影响机理——特锐德的案例研究》,《科技进步与对策》2016年第33期。

蔺雷、吴贵生:《我国制造企业服务增强差异化机制的实证研究》,《管理世界》2007年第6期。

蔺雷、吴贵生:《制造企业服务增强的质量弥补:基于资源配置视角的实证研究》,《管理科学学报》2009年第12期。

刘继国、李江帆:《国外制造业服务化问题研究综述》,《经济学家》2007年第3期。

刘继国:《制造业企业投入服务化战略的影响因素及其绩效:理论框架与实证研究》,《管理学报》2008年第5期。

吕林、刘芸、朱瑞博:《中国(上海)自由贸易试验区与长江经济带制造业服务化战略》,《经济体制改革》2015年第4期。

刘纯彬、杨仁发:《中国生产性服务业发展的影响因素研究——基于地区和行业面板数据的分析》,《山西财经大学学报》2013年第4期。

李晓亮:《制造业服务转型的演化机理及其实现路径——基于投入与产出双重维度的扩展分析》,《内蒙古社会科学》(汉文版)2014年第35期。

李浩、顾新建:《现代制造服务业的发展模式及中国的发展策略》,《中国机械工程》2012年第23期。

刘晶、刘雯雯:《我国加工贸易产业梯度研究》,《宏观经济研究》2012年第9期。

李靖华、马丽亚、黄秋波:《我国制造企业"服务化困境"的实证分析》,《科学学与科学技术管理》2015年第6期。

闵连星、刘人怀、王建琼:《中国制造企业服务化现状与特点分析》,《科技管理研究》2015年第35期。.

毛蕴诗、郑奇志:《基于微笑曲线的企业升级路径选择模型——理论框架的构建与案例研究》,《中山大学学报》(社会科学版) 2012 年第 3 期。

马海霞:《区域传递的两种空间模式比较分析——兼谈中国当前区域传递空间模式的选择方向:西部产业升级的一种思路》,《甘肃社会科学》2001 年第 2 期。

马永欢、周立华:《我国循环经济的梯度推进战略与区域发展模式》,《中国软科学》2008 年第 2 期。

齐二石、石学刚:《现代制造服务业研究综述》,《工业工程》2010 年第 13 期。

施振荣:《"微笑曲线"》,《竞争力·三联财经》2010 年第 4 期。

綦良群、赵少华、蔡渊渊:《装备制造业服务转型过程及影响因素研究——基于我国内地 30 个省市截面数据的实证研究》,《科技进步与对策》2014 年第 31 期。

王英宪:《基于产业梯度转移视角下的中部崛起战略研究》,《时代金融》2013 年第 6 期。

王丹、郭美娜:《上海制造业服务化的类型、特征及绩效的实证研究》,《上海经济研究》2016 年第 5 期。

汪芳、潘毛毛:《产业融合、绩效提升与制造业成长——基于 1998—2011 年面板数据的实证》,《科学学研究》2015 年第 33 期。

许立帆:《中国制造业服务化发展思考》,《经济问题》2014 年第 12 期。

胥军、杨超:《我国现代制造服务业的形成机理与发展对策》,《中国行政管理》2010 年第 12 期。

解康健:《基于"微笑曲线"理论的中国服装企业转型升级研究》,硕士学位论文,吉林大学,2012 年。

徐忠爱:《"泛珠三角"经济圈产业梯度转移研究》,《当代经济管理》2006 年第 38 期。

徐枫、李云龙:《基于 SCP 范式的我国光伏产业困境分析及政策建议》,《宏观经济研究》2012 年第 6 期。

肖挺、聂群华、刘华:《制造业服务化对企业绩效的影响研究——基于我国制造企业的经验证据》,《科学学与科学技术管理》2014 年第 35 期。

肖挺、蒋金法:《全球制造业服务化对行业绩效与全要素生产率的影响——基于国际投入产出数据的实证分析》,《当代财经》2016 年第 6 期。

肖挺:《"服务化"能否为中国制造业带来绩效红利》,《财贸经济》2018 年第 3 期。

Albert Hirschman, "Industrialization and its manifold discontents: West, East and South", *World Development*, Vol. 20, No. 9, September 1992.

Agarwal R., Echambadi S. R., "The Conditioning Effect of Time on Firm Survival: An Industry Life Cycle Approach", *The Academy of Management Journal*, Vol. 45, No. 5, 2002.

Berger, Lester, "The Effects of the Phosphorothioate Insecticide Fenitrothion on Mammalian Cytochrome", *Journal of Dependent Metabolism of Estradiol Fundamental and Applied Toxicology*, Vol. 37, No. 2, June 1997.

Baines T. S., Lightfoot H. W., Benedettini O., et al., "The Servitization of Manufacturing: A Review of Literature and Reflection on Future Challenges", *Journal of Manufacturing Technology Management*, Vol. 20, 2009.

Baines T., Lightfoot H., Smart P., "Servitization within manufacturing", *Journal of Manufacturing Technology Management*, Vol. 22, No. 7, 2011.

Brax S., "A Manufacturer Becoming Service Provider-challenges and a Paradox", *Journal of Service Theory & Practice*, Vol. 15, No. 2, 2005.

Davies A., *Are Firms Moving Downstream into High-value Service*, London: Imperial College Press, 2003.

Davies, "Discussion of Supporting Continuous Monitoring Using Control Charts", *International Journal of Accounting Information Systems*, Vol. 5, No. 2, July 2004.

Fishbein B. McGarry, L. S. and Dillon P. S., *Leasing: A Step toward Producer Responsibility*, NY: Inform, 2000.

Friedmann J., "Cities in Social Transformation1", *Comparative Studies in Society & History*, Vol. 4, No. 1, 1961.

Geodkoop M., Van Haler C., Te Riele H., Rommers P., "Product Service-systems, Ecological and Economic Basics", Report for Dutch Ministries of Environment (VROM) and Economic Affairs (EZ), 1999.

Gebauer, "Identifying Service Strategies in Product Manufacturing Companies by Exploring Environment-strategy Configurations", *Industrial Marketing Management*, *Vol.* 37, Issue 3, May 2008.

Tan, "Strategies for Designing and Developing Services for Manufacturing Firms CIRP", *Journal of Manufacturing Science and Technology*, Vol. 3, No. 2, 2010.

Kallenberg R., Oliva R., "Managing the Transition from Product to Services", *Journal of Service Industry Management*, Vol. 14, No. 2, 2003.

Kastalli I. V., Looy B. V., "Servitization: Disentangling the Impact of Service Business Model Innovation on Manufacturing Firm Performance", *Journal of Operations Management*, Vol. 31, No. 4, 2013.

Leiponen A., "The Benefits of R&D and Breadth in Innovation Strategies: A Comparison of Finnish Service and Manufacturing Firms", *Industrial & Corporate Change*, 2012.

Mathieu, Valérie, "Product Services: from a Service Supporting the Product to a Service Supporting the Client", *Post - Print*, Vol. 16, No. 1, 2001.

Marshall, "On the Significance of Two-way Coupling in Simulation of Turbulent Particle Agglomeration", *Powder Technology*, Vol. 318, August 2017.

Neely A., "Exploring the Financial Consequences of the Servitization of Manufacturing", *Operations Management Research*, Vol. 1, No. 2, 2008.

Oliva. R., Kallenberg R., "Managing the Transition from Products to Services", *Journal of Service Industry Management*, Vol. 14, 2003.

Ren, G. and Gregory, M., "Servitization in Manufacturing Companies", Paper delivered to 16th Frontiers in Service Conference, San Francisco: CA, 2007.

Reiskin E. D., White A. L., Johnson J. K., et al., "Servicizing the Chemical Supply Chain", *Journal of Industrial Ecology*, Vol. 3, 2010.

Ren, G., Gregory, M., "Servitization in Manufacturing Companie", Paper presented at 16th Frontiers in Service Conference, San Francisco, CA, 2007.

Reinartz W., Ulaga W., "How to Sell Services More Profitably", *Harv. Bus. Rev.*, Vol. 86, No. 5, 2008.

Szalavetz, A., "Tertiarization of Manufacturing Industry in the New Economy: Experiences in Hungarian Companies", Paper delivered to Hungarian Acadamy of Sciences Working Papers, No. 134, March 2003.

T. S. Baines, "Towards a Theoretical Framework for Human Performance Modelling within Manufacturing Systems Design Simulation", Paper delivered to Modelling Practice and Theory, Vol. 13, No. 6, September 2005.

Tan, "Strategies for Designing and Developing Services for Manufacturing firms CIRP", *Journal of Manufacturing Science and Technology*, Vol. 3, No. 2, 2010.

Vandermerwe S., Rada J., "Servitization of Business: Adding Value by Adding Services", *European Management Journal*, Vol. 6, No. 4, 1988.

Vernon R., "International Investment and International Trade in the Product Cycle", *International Executive*, Vol. 8, No. 4, 1982.

Vandermerwe S., Rada J., "Servitization of business: Adding value by adding services", *European Management Journal*, Vol. 6, No. 4, 1988.

Watanabe C., Hur J. Y., "Firms Strategy in Shifting to Service-oriented Manufacturing: The Case of Japan's Electrical Machinery Industry", *Journal of Services Research*, April-September, 2004.

Zahir A., Takehiro I, Akirak, "The Servitization of Manufacturing: An Empirical Case Study of IBM Corporation", *International Journal of Business Administration*, Vol. 4, No. 2, 2013.